경찰
공무원법
입문

권순현
이주일

박영사

올해는 코로나19로 정상적인 일상생활은 물론이고 대학 수업이나 여러 국가시험도 제대로 시행되는 것이 어려운 것이 현실이다. 대학은 비대면 인터넷 수업으로 1학기를 어렵게 보냈다. 2학기에 대한 예상도 그리 쉽지 않은 상태에 놓여 있다. 그럼에도 불구하고 수업은 지속되어야 하고 앞으로 환경이 좋아질 것을 기대하며 교재를 준비하였다.

2학기 과목으로 공직법입문이라는 이름으로 (경찰)공무원 시험에 대한 입문 강좌는 그 전부터 개설이 되었었는데, 강좌와 교재 이름을 '경찰공무원시험 입문'으로 변경하여 박영사 출판사를 통하여 출판하게 되어 기쁘다. 종래에 공직법입문이라는 용어의 낯설음으로 그 뜻을 잘 전달하기 어려워서 쉬운 말로 풀어서 '경찰공무원시험 입문'으로 책 명칭을 변경하였고 종래에 있던 민법 과목은 삭제하고 새로 형사소송법을 추가하였다.

교재의 내용은 다음과 같다. 헌법과 행정법은 필자가 담당했고, 형법과 형사소송법은 이주일 교수님이 담당하셨다. 이 책은 '경찰공무원법 입문'이라는 제목으로 출판을 하게 되었는데, 주로 공직과 관련된 학과 - 공무원법학, 경찰행정학, 행정학 - 를 공부하는 학생들에게 미리 공부하는 내용 중 법과 관련된 내용을 소개하는 입문서로서 의미가 있다고 하겠다.

특히 올해는 신라대학교가 공공인재학부제로 운영되던 체계를 학과별로 변경하는 첫 해이기도 하여 더욱 의미가 깊다고 하겠다. (경찰)공무원 시험에 대한 대비를 위하여는 먼저 국가에 대한 이해가 필요하고 국가의 작용은 법을 통하여 작동되고 있다는 점을 이해하는 것이 매우 중요하다.

헌법을 통하여 국가조직과 국민의 기본권을 이해하는 계기가 되어야하겠고, 헌법의 구체화 법인 행정법을 통하여 구체적인 국가작용을 공부하고, 형법을 통하여 국가질서와 국민의 법익보호를 이해하며, 형사소송법을 통하여 그 절차를 공부하는 것에 대한 방법을 소개하는 입문서로서의 기능을 수행할 것을 목표로 하고 있다.

이 책은 이러한 목적 달성을 위하여 입문서로서 중요하고 가장 기초가 되는 내용을 간략하게 소개하는 것을 목표로 하고 있으므로, 완전한 형태와 구성으로 이루어지지는 못함을 양지하시기 바란다. 이런 분야의 책으로서는 처음 시도되어지는 점에서 의의가 있다 하겠고, 또한 내용이 잘 요약이 되어 책이 약 250쪽 정도로 나오는 것을 목표로 하였다. 이 책의 내용을 잘 이해하면 독자 여러분의 시험 합격에 초석이 될 것이라고 확신한다.

이 책이 나올 수 있게 어려운 시간을 내어 좋은 내용의 원고를 주신 이주일 교수님께 감사하며, 지속적으로 관심을 갖고 협조해 주신 박영사 출판사 관계자분께도 이 글을 통하여 고마움을 전하고자 한다.

2020. 8. 1
권 순 현

차 례

경찰공무원법 입문 (헌법)

경찰공무원법 입문 (행정법)

경찰공무원법 입문 (형법)

경찰공무원법 입문 (형사소송법)

경찰공무원법 입문
(헌법)

제1편 헌법(상)

제1장 ⌐ 헌법총론·기본권총론

제1절 헌법총론

제1강 헌법의 의의·분류

Ⅰ. 헌법의 의의

헌법이란 국가적 공동체의 존재형태와 기본적 가치질서에 관한 국민적 합의를 법규범적인 논리체계로 정립한 국가의 기본법이다.

헌법은 그 시대의 정치적 이념과 시대사상을 반영하는 역사적 생성물이다. 역사적인 차원에서 볼 때, 헌법의 개념은 국가에 고유한 헌법에서 출발하여 근대입헌주의헌법을 거쳐 현대사회국가적 헌법으로 발전해 왔다.

Ⅱ. 헌법의 분류

헌법의 전통적 분류방법에 따르면 첫째, 헌법의 존재형식이 성문이냐 불문이냐에 따라서 성문헌법과 불문헌법으로 분류할 수 있다. 둘째, 헌법의 개정방법을 기준으로 경성헌법과 연성헌법으로 분류할 수 있다. 셋째, 헌법의 제정주체를 기준으로 흠정헌법, 민정헌법, 협약헌법, 국약헌법으로 분류할 수 있다.

제2강 헌법의 제정·개정·변천

Ⅰ. 헌법의 제정

사회적 공동체는 헌법의 제정을 통해 정치적 공동체인 국가적 공동체로 탄생한다. 실질적 의미에서의 헌법의 제정이라 함은 정치적 공동체의 형태와 기본적 가치질서에 관한 국민적 합의를 법규범체계로 정립하는 것이다. 이에 대하여 형식적 의미에서의 헌법의 제정이라 함은 헌법제정권자가 헌법사항을 성문의 헌법으로 법전화하는 것을 말한다.

Ⅱ. 헌법의 개정

헌법의 개정이라 함은 헌법에 규정된 개정절차에 따라 기존의 헌법과 기본적 동일성을 유지하면서 헌법의 특정조항을 의식적으로 수정 또는 삭제하거나 새로운 조항을 추가함으로써 헌법의 형식이나 내용에 변경을 가하는 행위를 말한다.

Ⅲ. 헌법의 변천

헌법의 변천이라 함은 특정의 헌법조항이 헌법에 규정된 개정절차에 따라 의식적으로 수정·변경되는 것이 아니고, 당해 조문은 원상대로 존속하면서 그 의미내용만이 실질적으로 변화하는 경우를 말한다.

제3강 헌법의 수호

Ⅰ. 헌법의 수호

헌법의 수호 내지 헌법의 보장이라 함은 헌법의 핵심적 내용이나 규범력이 헌법에 대한 침해로 말미암아 변질되거나 훼손되지 아니하도록 헌법에 대한 침해행위를 사전에 예방하거나 사후에 배제하는 것을 말한다.

헌법수호제도는 평상적 헌법수호와 비상적 헌법수호로 분류할 수 있다. 비상적 헌법수호에 해당하는 것으로는 국가긴급권과 저항권을 들 수 있다.

Ⅱ. 국가긴급권

국가긴급권이라 함은 전쟁·내란·경제공황 등과 같이 국가의 존립과 안전을 위태롭게 하는 비상사태가 발생한 경우에, 국가원수가 헌법에 규정된 통상적인 절차와 제한을 무시하고, 국가의 존립과 안전을 확보하기 위하여 필요한 긴급적 조치를 강구할 수 있는 비상적 권한을 말한다.

Ⅲ. 저항권

저항권이라 함은 민주적·법치국가적 기본질서 또는 기본권보장체계를 위협하거나 침해하는 공권력에 대하여 더 이상의 합법적인 대응수단이 없는 경우에, 주권자로서의 국민이 민주적·법치국가적 기본질서를 유지·회복하고 기본권을 수호하기 위하여 공권력에 저항할 수 있는 최후의 비상수단적 권리를 말한다.

Ⅳ. 방어적 민주주의

방어적 민주주의라 함은 민주주의의 이름으로 민주주의 그 자체를 파괴하거나 자유의 이름으로 자유의 체계 그 자체를 말살하려는 민주적·법치국가적 헌법질서의 적으로부터 민주주의가 자신을 효과적으로 방어하고 그와 투쟁하기 위한 자기방어적·자기수호적 민주주의를 말한다.

제4강 대한민국의 구성요소

Ⅰ. 국가권력

넓은 의미로 국가권력이라 함은 주권과 통치권을 말한다. 어떠한 정치적 통일체가 국가이기 위해서는, 국가의사를 전반적·최종적으로 결정할 수 있는 최고권력인 주권과, 현실적으로 국가적 조직을 유지하고 국가적 목적을 실현하기 위한 구체적 권력으로서의 통치권을 필요로 한다.

Ⅱ. 국민

국민이라 함은 국가에 소속하는 개개의 자연인을 말하며, 이들 개개인은 전체로써 국민을 구성한다. 국민은 인민과 구별된다. 국민은 국가적 공동체를 전제로 한 개념으로서 국가의 구성원, 즉 국적을 가진 개개인의 집합을 의미하는데 대하여, 인민은 국가적 공동체와는 무관한 사회적 개념인 사회의 구성원을 의미한다.

Ⅲ. 국가의 영역

국가는 일정한 범위의 공간을 그 존립의 기초로 한다. 이 공간이 영역이다. 영역은 국가의 법이 적용되는 공간적 범위를 의미하면서 국가적 지배의 물적 대상을 의미하기도 한다. 영역은 영토·영해·영공으로 구성된다.

제5강 대한민국의 기본원리

Ⅰ. 국민주권의 원리

국민주권의 원리라 함은 국가적 의사를 전반적·최종적으로 결정할 수 있는 최고의 권력인 주권을 국민이 보유한다는 것과 모든 국가권력의 정당성의 근거를 국민에게서 찾아야 한다는 것을 내용으로 하는 민주국가적 헌법원리를 말한다. 이러한 국민주권의 원리는 미국의 독립선언과 프랑스의 인권선언을 비롯한 현대민주국가의 헌법들이 예외없이 선언하고 있다.

Ⅱ. 자유민주주의

자유민주주의는 자유주의와 민주주의가 결합된 정치원리이다. 자유주의라 함은 국가권력의 간섭을 배제하고 개인의 자유와 자율을 옹호하고 존중할 것을 요구하는 사상적 입장을 말한다. 이러한 의미의 자유주의는 18세기에 와서 신흥시민계급이 주장한 이데올로기로서 개인의 자유를 이상으로 하고, 자유경쟁에 입각한 자율적 행동원리를 그 수단으로 하는 정치철학이요 정치원리라고 할 수 있다. 이에 대하여 민주주의라 함은 국민에 의한 지배 또는 국가권력이 국민에게 귀속되는 것을 내용적 특징으로 하는 정치원리를 말한다고 할 수 있다.

Ⅲ. 사회국가의 원리

사회국가라 함은 모든 국민에게 그 생활의 기본적 수요를 충족시킴으로써 건강하고 문화적인 생활을 영위할 수 있도록 하는 것이 국가의 책임이면서, 그것에 대한 요구가 국민의 권리로서 인정되어 있는 국가를 말한다. 사회국가의 원리는 사회정의를 구현하기 위하여 법치국가적 방법으로 모든 국민의 복지를 실현하려는 국가적 원리를 말한다. 사회국가의 원리는 실질적 법치국가를 실천목표로 하고 사회적 시장경제질서에 의하여 뒷받침된다는 점에서 사회적 법치국가의 원리와 표리의 관계에 있다.

Ⅳ. 문화국가의 원리

문화국가라 함은 국가로부터 문화활동의 자유가 보장되고 국가에 의하여 문화가 공급되어야 하는 국가, 즉 문화에 대한 국가적 보호·지원·조정 등이 이루어져야 하는 국가를 말한다. 현대국가는 문화의 자율성을 최대한으로 존중하면서도 문화에 대한 자유방임정책이 초래한 현대적 모순과 불합리성을 극복하기 위해 능동적으로 문화를 형성하고 보호하는 기능을 떠맡게 되었다. 이러한 의미에서 현대의 문화국가는 문화조성적 국가라고도 할 수 있다.

Ⅴ. 법치국가원리

법치국가의 원리가 현대민주국가에서는 예외없이 헌법적 원리의 하나로 인식되고 있지만, 그것은 다의적인 개념이기 때문에 각국의 역사적 상황이나 논자의 시각에 따라 그 개념규정이 동일하지 아니하다. 그러나 법치국가라 함은 일반적으로 사람이나 폭력이 지배하는 국가가 아니라 법이 지배하는 국가를 말한다. 그렇다면 법치국가의 원리란 모든 국가적 활동과 국가공동체적 생활은 국민의 대표기관인 의회가 제정한 법률에 근거를 두고 법률에 따라 이루어져야 한다는 헌법원리라고 할 수 있다.

Ⅵ. 평화국가의 원리

평화국가라 함은 국제협조와 국제평화의 지향을 그 이념적 기반으로 하는 국가를 말한다. 평화국가의 원리란 국제적 차원에서 평화공존·국제분쟁의 평화적 해결·각 민족국가의 자결권존중·국내문제불간섭 등을 핵심내용으로 하는 국제평화주의를 국가목적으로 하는 원리를 말한다.

제6강 한국헌법의 기본질서

Ⅰ. 민주적 기본질서

민주적 기본질서에 관한 논의는 곧 민주주의에 관한 논의라고 할 수 있다. 하지만 민주주의는 다의적 개념이므로 일의적인 개념 규정이 불가능하다. 민주주의의 본질적 내용을 이루는 보편적 가치 내지 이념이 무엇인가에 관해서는 다양한 견해가 있으나, 일반적으로 국민주권을 비롯하여 자유·평등·정의 등을 들고 있다.

민주적 기본질서는 헌법적 질서의 하나로서 자유민주주의와 사회민주주의를 비롯한 모든 민주주의를 그 내용으로 포괄하는 공통분모적 상위개념이다.

Ⅱ. 사회적 시장경제질서

사회적 시장경제질서는 사회국가라는 국가적 유형에 대응하는 경제질서이다. 사회적 시장경제질서라 함은 사유재산제의 보장과 자유경쟁을 기본원리로 하는 시장경제질서를 근간으로 하되, 사회복지·사회정의·경제민주화 등을 실현하기 위하여 부분적으로 사회주의적 계획경제(통제경제)를 가미한 경제질서를 말한다.

Ⅲ. 평화주의적 국제질서

양차세계대전의 체험을 계기로 제2차대전 이후에는 각국이 전쟁을 방지하고 평화를 유지하기 위한 각별한 노력을 기울이고 있다. 여러 국제조약과 각국헌법에 국제평화주의를 선언하고 침략전쟁금지를 위한 평화조항을 수용하게 되었다. 그 내용으로는 국제법규의 존중과 준수와 외국인의 법적 지위보장을 들 수 있다. 또한 우리나라에서는 평화통일의 원칙도 평화주의적 국제질서에 포함될 수 있다.

제7강 한국헌법의 기본제도

Ⅰ. 정당제도(복수정당제)

현대민주국가에 있어서 정당은 분산된 국민의 정치적 의사를 일정한 방향으로 유도하고 결집하여 상향적으로 국가의사결정에 반영하는 매개체 또는 중개자역할을 담당한다.

현대민주국가에서 정당이 수행하는 공적 기능을 제도적으로 보장하고 반의회주의적 정당의 폐해를 방지하기 위하여 제2차대전 이후에는 정당제도를 헌법에 수용하는 국가들이 증가하고 있다. 우리나라는 헌법 제8조에서 복수정당제도를 보장하고 있다.

Ⅱ. 선거제도

선거라 함은 국민적 합의에 바탕한 대의제민주정치를 구현하기 위하여 주권자인 국민이 그들을 대표할 국가기관을 선임하는 행위를 말한다. 선거는 법적으로 유권자의 집단인 선거인단이 국회의원이나 대통령 등 국민을 대표할 국가기관을 선임하는 집합적 합성행위라는 성질을 가진 것이다.

현대민주국가는 대의제를 기반으로 하고 있는 까닭에 선거제도와 그 운용은 대의제민주주의의 성패를 가름하는 관건이 된다. 그러나 현대 정당제민주국가에서는 선거의 의미가 변질되어 선거가 인물선정이라는 성격 외에 여러 가능한 정부 중에서 그 하나를 선택한다고 하는 정부선택적 국민투표의 성격도 아울러 가지고 있다.

Ⅲ. 공무원제도

공무원이라 함은 직접 또는 간접으로 국민에 의하여 선출되거나 임용권자에 의하여 임용되어 국가 또는 공공단체의 공법상의 근무관계를 맺고 공공적 업무를 담당하고 있는 자를 말한다.

제도로서 직업공무원제를 보장한다 함은 공무원근무관계가 공법상의 근무관계, 종신제, 정치적 중립성, 능력주의, 경력과 직렬의 구분, 국가에 의한 생활보장, 신분관계의 법적 보호 등을 내용으로 하는 공직제도라야 함을 의미한다. 우리나라는 헌법 제7조에서 공무원의 법적지위·책임·신분과 정치적 중립성 등에 관하여 규정하고 있다.

Ⅳ. 지방자치제도

지방자치제도라 함은 일정한 지역을 단위로 하여, 일정한 지역의 주민이 그 지방에 관한 여러 가지 사무를 그들 자신의 책임하에, 자신들이 선출한 국방부 직할부대 및 기관을 통하여 직접 처리하게 함으로써, 지방자치행정의 민주성과 능률성을 제고하고, 지방의 균형있는 발전과 아울러 국가의 민주적 발전을 도모하는 제도를 말한다.

지방자체제의 이념은 민주주의와 밀접한 관련을 가지고 있다. 풀뿌리민주주의를 강화하고 직접민주주제의 요소를 정착시키며 중앙집권주의를 견제할 수 있는 지방분권주의의 실현이 곧 지방자치제의 이념이라 할 수 있다. 우리나라는 헌법 제117조, 제118조에서 지방자치제도를 규정하고 있다.

제2절 기본권총론

제1강 기본권의 의의

인권 또는 인간의 권리라 함은 인간이 인간으로서 당연히 누리는 권리를 말한다. 이러한 의미의 인권을 최초로 선언한 헌법은 버지니아권리장전과 프랑스인권선언이다. 인권 또는 인간의 권리를 독일 등에서는 기본적 인권 또는 기본권이라고 한다. 엄밀한 의미에서 인권과 기본권은 동일한 개념이 아니다. 인권은 인권사상을 바탕으로 하여 인간이 인간이기 때문에 당연히 누리는 인간의 생래적·천부적 권리를 의미하지만, 기본권은 헌법이 보장하는 국민의 기본적 권리를 의미하기 때문이다. 그러나 각국의 헌법에서 보장하고 있는 기본권은 자유권적 기본권을 중심으로 하고 있을 뿐만 아니라 그 밖의 정치적·경제적·사회적 기본권 등도 인간의 권리와 보완관계에 있는 것이기 때문에 인권과 기본권을 동일시하여도 무방하다고 할 수 있다.

제2강 기본권의 분류·유형

I. 기본권의 분류

기본권은 주체, 성질, 내용, 효력을 기준으로 분류할 수 있다. 여기에서는 효력을 기준으로 한 분류를 알아보겠다. 효력을 기준으로 하여서 구체적 기본권과 추상적 기본권으로 분류할 수 있다.

구체적 기본권이라 함은 모든 국가권력을 직접 구속하는 효력을 가진 기본권을 말한다. 이에 대하여 추상적 기본권이라 함은 입법에 의하여 비로소 구체적 권리가 되는 기본권으로서, 입법자에 대해 입법의 의무만을 부과하는 것일 뿐 집행권과 사법권에 대해서는 직접적 구속력이 없는 기본권을 말한다. 다수설은 사회적 기본권을 추상적 기본권으로 이해하고 있다.

II. 기본권의 유형

기본권의 유형을 기본권의 내용과 성질이라는 복합기준에 따라 현행 헌법상의 기본권을 포괄적 기본권(헌법 제10조, 제11조), 자유권적 기본권(헌법 제12부터 제23조까지), 정치적 기본권(헌법 제24조, 제25조), 청구권적 기본권(헌법 제26조부터 제30조까지), 사회적 기본권(헌법 제31조부터 제36조까지)으로 나눌 수 있다.

제3강 기본권의 주체

Ⅰ. 자연인

한국의 국적을 가진 대한민국의 국민은 누구나 헌법이 보장하는 기본권의 주체가 될 수 있다. 다만 기본권의 주체성은 기본권보유능력과 기본권행사능력으로 나누어진다. 기본권보유능력이라 함은 기본권을 보유할 수 있는 기본권귀속능력을 말한다. 기본권보유능력은 국민이면 누구나 가지는 것이므로, 이 때의 국민 중에는 미성년자나 심신상실자·수형자 등도 포함된다. 기본권행사능력이라 함은 기본권의 주체가 자신의 기본권을 현실적으로 행사할 수 있는 자격 또는 능력을 말한다. 선거권·피선거권·투표권 등 특정한 기본권은 그것을 현실적으로 행사하기 위해서는 일정한 연령요건을 구비하고 결격사유가 없어야 하는 등 기본권행사능력이 요구되는 경우가 있다. 외국의 국적을 가진 자와 무국적자도 기본권의 주체가 될 수 있는가에 관해서는 견해가 갈리고 있다.

Ⅱ. 법인

헌법학의 영역에서 기본권에 관한 전통적인 논의는 국가와 국민과의 관계를 중심으로 하여 전개되어 왔다. 그러나 오늘날에는 다양한 조직·단체·법인 등의 실재성과 사회적 중요성이 증대됨에 따라 이들을 더 이상 헌법의 무인도로 방치하여 둘 수 없게 되었다. 하지만 독일기본법처럼 법인의 기본권주체성을 명문으로 규정하고 있지 아니한 헌법의 경우에는 법인도 기본권의 주체가 될 수 있는가가 논란의 대상이 되고 있다. 원칙적으로 법인의 기본권주체성을 긍정하고 있다. 단 공법인에 대해서는 원칙적으로 기본권주체성을 부정하되, 제한된 범위안에서 예외적으로만 기본권주체성을 긍정하고 있다.

제4강 기본권의 효력

Ⅰ. 기본권의 대국가적 효력

기본권의 효력이라 함은 기본권이 그 의미와 내용대로 실현될 수 있는 힘, 즉 기본권의 구속력을 말한다. 국가작용은 권력작용(공권력의 행사)과 비권력작용(관리작용·국고작용)으로 구분된다. 기본권은 모든 공권력적 국가작용을 직접 구속하는 효력을 가진다.

국가작용 중 공권력의 발동인 권력작용은 그것이 국가기관에 의한 것이든 지방자치단체에 의한 것이든 공권력수탁자에 의한 것이든 그 모두가 기본권에 기속된다. 그러나 영조물의 설치·관리, 예산재원의 조달, 공공수요의 충족 등 경제활동을 내용으로 하는 관리작용과 국고작용 등 경제적 비권력작용까지도 기본권에 기속되는가에 관해서는 견해가 갈리고 있다.

Ⅱ. 기본권의 제3자적 효력

기본권이 사인의 법률행위나 사인 상호간의 법률관계에도 적용되는가 하는 기본권의 제3자적 효력(대사인적 효력)여하에 관해서는 각국헌법에 명문의 규정이 거의 없으며 학설도 갈리고 있다.

독일에서의 이론전개를 살펴보면 효력부인설(제3자적 효력부정설), 직접효력설(직접적용설), 간접적용설(간접효력설)이 있는데 간접적용설(공서양속설)이 다수설이다. 우리날에서도 헌법에 명문의 규정이 없는 경우 간접적용설(공서양속)에 따라 기본권규정이 사법상의 일반원칙을 통해 사법관계에 적용된다고 보는 것이 다수설의 입장이다.

미국에서도사정부이론의 관점에서 사인의 특정한 행위를 국가행위로 간주하는 헌법판례이론을 가지고, 헌법규정을 사법관계에 직접적용하는 이론구성을 하고 있다. 이것을 국가유사론 또는 국가행위의제론이라고 한다.

Ⅲ. 기본권의 갈등

헌법의 기본권규정들은 각기 고립하여 존재하는 것이 아니라 어떠한 형태로든 다른 기본권규정들과 관련을 가지고 있으며, 때로는 기본권 상호간에 마찰과 모순을 드러내는 경우도 없지 아니하다. 기본권간의 마찰과 모순으로부터 야기되는 제반문제를 기본권의 갈등이라 한다. 기본권의 갈등은 단일의 기본권주체가 동시에 여러 기본권의 적용을 주장하는 경우(기본권의 경합)와 복수의 기본권주체가 서로 대립되는 상이한 기본권의 적용을 주장하는 경우(기본권의 충돌)를 포괄하는 개념이다.

1. 기본권의 경합(경쟁)

기본권의 경합이라 함은 단일의 기본권주체가 국가에 대해 동시에 여러 기본권의 적용을 주장하는 경우를 말한다. 일반적으로 기본권 경합의 문제는 상이한 제한의 정도를 규정한 법률유보가 부가됨으로써 그 제한의 가능성이 각기 상이한 여러 기본권을 단일의 기본권주체가 동시에 주장하는 경우에 발생한다. 이러한 경우 제한의 가능성이 보다 더 큰(효력이 보다 약한) 기본권과 제한의 가능성이 더 작은(효력이 보다 강한) 기본권 중에서 어느 것을 우선적으로 적용할 것인가가 헌법문제로서 제기된다.

2. 기본권의 충돌(상충)

기본권의 충돌이라 함은 복수의 기본권주체가 서로 충돌하는 권익을 실현하기 위하여 국가에 대해 각기 대립되는 기본권의 적용을 주장하는 경우를 말한다. 기본권의 충돌은 복수의 기본권주체를 전제로 하고, 원칙적으로 국가에 대하여 기본권을 주장하는 경우를 말한다.

실질적으로는 사인 상호간에 이해관계가 충돌하는 경우라 하더라도 기본권규정의 적용과 관련된 권리자와 의무자는 국가와 사인일 수밖에 없다. 왜냐하면 기본권의 충돌이란 국가공권력이 한 사인의 기본권을 보호하려는 의도를 가지고 이와 대립하는 다른 사인의 기본권을 제한하는 경우를 의미하기 때문이다.

제5강 기본권의 제한

기본권의 제한이라 함은 기본권의 효력이나 그 적용범위를 축소하거나 한정하는 것을 말한다. 기본권을 제한하는 방식에는 헌법유보에 의한 제한과 법률유보에 의한 제한의 두 가지가 있다.

Ⅰ. 헌법유보에 의한 기본권의 제한

1. 헌법유보의 의미

기본권에 당연히 내제하는 한계성을 명문화한 것이든 새로운 제한을 창설한 것이든, 헌법이 명문의 규정을 가지고 직접 기본권의 제한을 규정하고 있는 경우에, 그것을 기본권제한에 관한 헌법유보 또는 헌법직접적 기본권제한이라 한다. 헌법유보에는 헌법이 직접 기본권 전반에 대하여 제한을 규정하는 일반적 헌법유보와 특정의 기본권에 한하여 제한을 규정하는 개별적 헌법유보가 있다.

2. 헌법유보의 유형

가. 일반적 헌법유보

현행헌법에는 독일기본법 제2조 제1항과 같은 일반적 헌법유보에 해당하는 규정이 없다. 그러나 일반적 헌법유보에 관한 조항이 없을지라도 타인의 권리·도덕률·헌법질서 등의 존중은 국가적 공동생활을 위하여 기본권에 당연히 내재하는 제약사유이다.

나. 개별적 헌법유보

현행헌법에서도 정당의 목적과 활동에 관한 제한(헌법 제8조 제4항), 언론·출판의 사회적 책임의 강조(헌법 제21조 제4항), 재산권의 행사의 제약(헌법 제23조 제2항) 등에 관한 조항은 개별적 헌법유보라고 할 수 있다. 이들 헌법조항은 개별 기본권별로 직접 헌법에서 제약사유를 명기하고 있으므로, 이들 조항은 개별적 헌법유보에 해당하는 것이다.

Ⅱ. 법률유보에 의한 기본권의 제한

1. 법률유보의 의미

헌법이 기본권의 제한을 직접 규정하지 아니하고 그 제한을 법률에 위임하고 있는 경우에 그것을 기본권제한에 관한 법률유보 또는 헌법간접적 기본권제한이라 한다. 법률유보에도 헌법이 특정의 기본권에 한하여 법률로써 제한할 수 있다.라고 규정하는 개별적 법률유보와 기본권전반이 법률에 의하여 제한할 수 있다고 규정하는 일반적 법률유보가 있다.

2. 법률유보의 유형

가. 일반적 법률유보

기본권제한에 관한 일반적 법률유보조항을 의미하는 헌법 제37조 제2항 전단은 법률로써 기본권을 제한하는 경우에 준수되어야 할 일반준칙을 규정한 조항이다. 따라서 기본권을 제한하는 입법을 함에 있어서는 입법목적의 정당성과 그 목적달성을 위한 방법의 적정성, 피해의 최소성, 그리고 그 입법에 의해 보호하려는 공공의 필요와 침해되는 기본권 사이에 균형성이 유지되게 하는 조건을 모두 갖추어야 하며, 이를 준수하지 않은 법률 내지 법률조항은 기본권제한의 입법적 한계를 벗어난 것으로 헌법에 위반된다.

[관련판례] 무등록 음반판매업자 등이 소유 또는 점유하는 모든 음반 등을 필요적으로 몰수하도록 규정한 이 사건 법률조항은 지나치게 가혹한 형벌을 규정함으로써 형벌체계상 균형을 잃고 형벌 본래의 기능과 목적을 달성함에 있어 필요한 정도를 현저히 일탈하여 결국 입법재량권이 자의적으로 행사된 경우에 해당한다고 볼 것이다. 따라서 이 사건 법률조항은 국민의 재산권 등 기본권의 제한은 그 입법목적을 달성함에 필요한 최소한도에 그쳐야 한다는 헌법 제37조 제2항의 과잉입법금지원칙에 반한다(헌재 1995.11.30, 94헌가3).

나. 개별적 법률유보

모든 기본권은 일반적 법률유보에 따라 제한이 가능하지만, 별도로 규정이 있는 경우가 있다. 이를 개별적 법률유보라 한다. 개별적 법률유보조항이 있는 기본권으로는 헌법 제12조 제1항의 신체의 자유, 헌법 제23조 제3항의 재산권 등이 있다.

제2편 헌법(하)

제1장 ☖ 헌법재판제도(헌법재판소)

제1절 헌법재판제도 개관

제1강 헌법재판의 의의

협의의 헌법재판이라 함은 사법적 국방부 직할부대 및 기관이 법률의 위헌 여부를 심사하고, 그 법률이 헌법에 위반되는 것으로 판단하는 경우에, 그 효력을 상실하게 하든가 그 적용을 거부하는 제도를 말한다. 이에 대하여 광의의 헌법재판이라 함은 헌법에 관한 쟁의나 헌법에 대한 침해를 헌법규범을 준거로 하여 사법적 절차에 따라 해결하는 작용으로서, 위헌법률심사 뿐만 아니라 명령규칙심사·정당해산심판·탄핵심판·권한쟁의심판·헌법소원심판·선거소송심판 등을 총칭한다.

제2강 헌법재판의 기능

입헌민주국가에 있어서 헌법재판제도는 긍정적인 측면과 부정적인 측면을 함께 가지고 있다. 헌법재판의 긍정적 기능으로는 민주주의이념 구현의 기능, 헌법질서 수호의 기능, 기본권 보장의 기능, 소수자보호의 기능, 정치적 평화유지의 기능이 있다. 한편 부정적 측면으로는 사법부의 정치기관화를 초래하고, 보수적인 사법부로 말미암아 사회발전이 지연될 수 있다는 점이 그것이다.

제3강 헌법재판소의 구성

헌법재판소는 법관의 자격을 가진 9인의 재판관으로 구성되며, 재판관은 대통령이 임명한다. 이 중 3인은 국회에서 선출하는 자를, 3인은 대법원장이 지명하는 자를 임명한다. 헌법재판소장은 대통령이 국회의 동의를 얻어 재판관 중에서 임명한다. 헌법재판소를 대통령·국회·대법원장이 합동으로 구성하게 하는 것은 그 관할사항이 정치적 성격을 띠고 있기 때문에, 정치적 중립성을 유지하도록 하기 위한 것이지만, 헌법재판소가 수행하는 헌법수호기관으로서의 역할을 엄정하고 공정하게 수행할 수 있도록 하기 위한 것이기도 하다.

제2절 헌법재판의 유형

제1강 위헌법률심판

1. 위헌법률심판의 의의와 성질

위헌법률심판이라 함은 헌법재판소가 국회가 의결한 법률이 헌법에 위반되는가의 여부를 심사하고, 그 법률이 헌법에 위반되는 것으로 인정하는 경우에, 그 효력을 상실하게 하는 제도를 말한다.

현행헌법에 있어서 위헌법률심판은 사후교정적 위헌심사이며, 특히 구체적 규범통제로서의 성격을 가지는 것이다. 그러나 위헌으로 결정된 법률 또는 법률조항은 일반적으로 효력을 상실하여 그 법률이 폐지된 것과 동일한 효과를 낳게 하고 있다.

2. 위헌법률심판의 요건

위헌법률심판은 법률이 헌법에 위반되는 여부가 재판의 전제가 된 경우에, 당해 사건을 심리하는 법원의 제청에 따라, 헌법재판소가 그 법률의 위헌 여부를 심판하는 구체적 규범통제제도이다. 그러므로 헌법재판소가 법률 또는 법률조항에 대한 위헌여부의 심판을 하려면, 재판의 전제성과 법원의 제청이라는 요건이 구비되어야 한다.

3. 위헌법률심판의 대상

위헌법률심판에서 심판의 대상이 되는 법률은 형식적 의미의 법률은 물론이고 그와 동일한 효력을 가지는 법규범까지 모두 포함한다. 따라서 긴급명령과 긴급제정경제명령은 물론이고 조약도 위헌법률심판의 대상에 포함된다.

4. 위헌법률심판의 기준

위헌법률심판은 법률이 헌법에 위반되는 여부를 심판하는 것이므로, 심판의 기준은 헌법이어야 한다. 이 때의 헌법에는 형식적 의미의 헌법뿐만 아니라, 실질적 의미의 헌법에 해당하는 헌법적 관습까지 포함된다. 따라서 헌법적 관례나 관행도 위헌심판에서 심판의 기준이 된다.

5. 위헌법률심판의 결정

헌법재판소가 법률에 대한 위헌결정(한정합헌결정·한정위헌결정·헌법불합치결정·단순위헌결정)을 하려면, 9인의 재판관 중 6인 이상의 찬성이 있어야 한다. 그 밖의 경우에는 재판관 과반수의 찬성으로써 결정한다.

가. 합헌결정

(1) 단순합헌결정

헌법재판소가 법률의 위헌 여부를 심리한 결과 5인 이상의 재판관이 합헌이라고 판단하는 경우에 관하여, 헌법재판소법은 명백한 규정을 두고 있지 아니하다. 독일은 이런 경우에 「기본법에 합치한다」는 선언을 하고, 오스트리아는 제청신청을 기각하는 선고를 한다. 우리 헌법재판소는 「법률은 헌법에 위반되지 아니한다」라는 주문형식을 채택하고 있다.

(2) 위헌불선언결정

위헌불선언결정은 재판관 5인이 위헌의견을 제시하고 4인이 합헌의견을 제시한 경우에, 위헌의견이 다수임에도 위헌결정정족수(재판관 6인 이상) 미달로 위헌선언을 할 수 없기 때문에, 우리 헌법재판소가 채택한 바 있는 독특한 결정형식이다. 1996년 이후에는 위헌불선언결정의 형식을 택하지 아니하고 단순합헌결정의 형식을 택하고 있다.

나. 위헌결정

　(1) 단순위헌결정

　　헌법재판소가 위헌법률심판의 대상이 된 법률에 대하여 위헌성을 확인하게 되면 원칙적으로 위헌결정을 하고, 당해 법률은 효력을 상실하게 된다.

　(2) 일부위헌결정

　　위헌결정에는 법률 전체에 대한 위헌선언 이외에 그 일부에 대한 위헌선언도 포함된다. 일부위헌의 대상은 독립된 법조문일 수도 있고, 법조문 중 특정의 항일 수도 있으며, 일정한 문장 혹은 그 일부분일 수도 있다.

다. 변형결정

　(1) 헌법불합치결정

　　헌법불합치결정이라 함은 법률의 실질적 위헌성을 인정하면서도 입법자의 입법형성의 자유를 존중하고 법의 공백과 혼란을 피하기 위하여 일정기간까지는 당해 법률이 잠정적인 계속효과를 가진다는 것을 인정하는 결정형식이다.

　(2) 한정합헌결정

　　한정합헌결정이라 함은 해석여하에 따라서는 위헌이 되는 부분을 포함하고 있는 법령의 의미를, 헌법의 정신에 합치되도록 한정적으로 축소해석하여 위헌판단을 회피하는 결정형식이다. 헌법재판소는 한정합헌결정도 위헌결정의 범주에 드는 것이므로 재판관 6인 이상의 찬성을 요한다고 한다.

　(3) 한정위헌결정

　　한정위헌결정이라 함은 불확정개념이거나 다의적인 해석가능성이 있는 조문에 대하여 헌법과 조화를 이룰 수 없는 확대해석은 헌법에 위반되어 채택할 수 없다는 뜻의 결정을 말한다. 한정위헌결정도 위헌결정의 범주에 드는 것이므로 재판관 6인 이상의 찬성을 요한다.

6. 위헌결정의 효력

가. 위헌결정의 기속력

위헌결정의 기속력은 대법원을 비롯한 각급법원과 국가기관·지방자치단체에 대해 미칠 뿐만 아니라, 불가변력이 있어 헌법재판소도 이를 스스로 취소·변경할 수 없다.

나. 일반적 효력의 부인

현행헌법의 위헌법률심사제는 구체적 규범통제이므로, 위헌결정이 있는 경우 당해 사건에 한하여 단지 그 적용이 배제되는 개별적 효력의 부인이라야 한다. 하지만 헌법재판소법은 위헌으로 결정된 법률 또는 법률조항은 그 효력을 상실한다라고 하여 일반적 효력까지 부인하고 있다. 이와 같이 구체적 규범통제이면서 위헌결정이 내려진 법률 또는 법률조항의 효력을 절대적으로 상실시키는 제도를 객관적 규범통제라고도 한다.

다. 위헌결정의 효력발생시기

위헌결정의 효력발생시기에 관한 입법례로는, 위헌결정에 소급효를 인정하면서 부분적으로 이를 제한하는 예(소급무효설의 입장), 장래효를 인정하면서 부분적으로 소급효를 인정하는 예(폐지무효설의 입장), 소급효를 인정할 것인가 장래효를 인정할 것인가를 사건별로 결정하는 예(선택적 무효설의 입장)가 있다. 결국 위헌결정의 효력발생시기에 관한 문제는 논리에 충실할 것인가 법률생활의 안정을 존중할 것인가라는 헌법정책 내지 입법정책의 문제라고 할 수 있다. 헌법재판소법 제47조 제2항은 「위헌으로 결정된 법률 또는 법률의 조항은 그 결정이 있는 날로부터 효력을 상실한다. 다만 형벌에 관한 법률조항은 소급하여 그 효력을 상실한다」라고 규정하고 있다. 이것은 장래효를 인정하면서 부분적으로 소급효를 인정하는 유형에 해당한다. 그리고 헌법재판소법은 위헌법률에 근거한 유죄의 확정판결에 대하여는 재심을 청구할 수 있게 하고 있다.

제2강 헌법소원심판

Ⅰ. 헌법소원의 의의

헌법소원제도라 함은 공권력의 행사 또는 불행사로 말미암아 헌법상 보장된 기본권이 직접 그리고 현실적으로 침해당한 자가 헌법재판기관에 당해 공권력의 위헌 여부의 심사를 청구하여 기본권을 구제받는 제도를 말한다.

헌법소원제도는 개인의 주관적 기본권을 보장한다는 기본권보장기능과 위헌적인 공권력행사를 통제함으로써 객관적인 헌법질서를 수호한다는 헌법보장기능을 수행한다. 이것을 헌법소원제도의 이중적 기능이라 한다.

Ⅱ. 헌법소원의 종류

1. 권리구제형 헌법소원(헌법재판소법 제68조 제1항)

권리구제형 헌법소원이라 함은 공권력의 행사 또는 불행사로 말미암아 헌법상 보장된 기본권을 침해당한 자가 청구하는 헌법소원을 말한다(헌재법 제68조 제1항). 이것이 본래의 헌법소원이다. 권리구제형 헌법소원은 그 대상에 따라 입법작용에 대한 헌법소원·집행작용에 대한 헌법소원·사법작용에 대한 헌법소원 등으로 나누어진다.

2. 위헌심사형 헌법소원(헌법재판소법 제68조 제2항)

위헌심사형 헌법소원이라 함은 위헌법률심판의 제청신청이 법원에 의하여 기각된 경우에 제청신청을 한 당사자가 청구하는 헌법소원을 말한다(헌재법 제68조 제2항). 이를 위헌제청형 헌법소원 또는 규범통제형 헌법소원 또는 위헌소원이라고도 한다. 독일에서는 위헌심판제청을 신청한 경우에, 법원이 제청신청을 기각하면 독립하여 이를 다투지 못하고, 항소나 상고를 통해 당해 기각결정을 시정받거나, 상고심판결에 대한 헌법소원을 통하여 법률의 위헌 여부를 다툴 수 있을 뿐이다. 그러나 우리 헌법재판소법은 제68조 제2항에서 위헌심판제청신청이 기각당한 경우에 바로 헌법소원을 청구할 수 있도록 함으로써, 제1심 단계에서부터 재판의 전제가 된 법률의 위헌여부의 심판을 받을 수 있도록 하는 독특한 제도를 채택하고 있다.

헌법재판소법 제68조 제2항에 의한 위헌심사형 헌법소원의 성격 여부에 관해서는 견해가 갈리고 있다. 위헌재판심사설은 법원의 재판에 대해서는 원칙적으로 헌법소원이 인정되지 않으나, 위헌심판제청신청에 대한 법원의 기각 결정에 대해서는 예외적으로 헌법소원을 허용함으로써 위헌재판심사를 인정한 것이 바로 위헌심사형 헌법소원이라고 한다. 이에 대하여 위헌법률심사설은 법률의 위헌심판제청신청이 기각된 경우에는, 헌법소원의 전제요건인 침해된 기본권이 없으므로, 위헌심사형 헌법소원은 그 본질상 위헌법률심판에 해당하는 것이라고 한다. 헌법재판소는 위헌법률심사설 입장에 있다.

Ⅲ. 헌법소원심판의 청구

권리구제형 헌법소원심판을 청구할 수 있는 자는 공권력의 행사 또는 불행사로 말미암아 헌법상 보장된 자신의 기본권이 침해되었다고 주장하는 모든 국민이다. 이 때의 국민 중에는 자연인만이 아니라 법인(국내사법인)도 포함되며, 권리능력없는 사단도 일정한 범위안에서 헌법소원심판을 청구할 수 있다. 국민의 기본권을 보호 내지 실현할 책임과 의무를 지는 국가기관이나 그 일부 또는 공무원은 헌법소원을 청구할 수 없다. 이에 대하여 위헌심사형 헌법소원심판을 청구할 수 있는 자는 위헌제청신청을 한 당사자이다.

Ⅳ. 헌법소원심판청구의 실질적 요건(청구원인·청구대상·당사자적격성)

헌법재판소법 제68조 제1항의 규정에 의한 권리구제형 헌법소원심판을 청구하기 위한 실질적 요건은 다음과 같다. 공권력의 행사 또는 불행사가 존재할 것(공권력의 존재), 공권력의 행사 또는 불행사로 말미암아 헌법상 보장된 자신의 기본권이 직접적이고 현실적으로 침해되었을 것(당사자적격성: 자기관련성, 직접성, 현재성), 다른 법률에 구제절차가 있는 경우에는 그 절차를 모두 마친 후일 것(보충성의 원칙), 권리보호의 필요성이 있을 것(권리보호의 이익) 등이다.

그리고 헌법재판소법 제68조 제2항의 규정에 의한 위헌심사형 헌법소원(위헌소원)심판을 청구하기 위해서는 문제된 법률의 위헌여부가 재판의 전제가 되어야 하고(재판의 전제성), 법원이 청구인의 위헌제청신청을 기각한 경우(제청신청의 기각)라야 한다.

아래에서는 권리구제형 헌법소원의 경우를 중심으로 하여 그 실질적 요건을 살펴보기로 한다.

1. 공권력의 행사·불행사

헌법소원심판은 원칙적으로 헌법에 위반하는 모든 공권력의 행사 또는 불행사를 대상으로 하여 청구할 수 있다. 모든 공권력의 행사 또는 불행사라 함은 입법권·집행권·사법권을 행사하는 모든 국가기관의 적극적인 장위행위와 소극적인 부작위행위를 총칭한다.

2. 기본권의 침해

헌법소원심판청구는 헌법상 보장된 기본권이 침해되었음을 요건으로 하지만, 그 침해는 심판청구인 자신의 기본권이 직접 그리고 현재 침해된 경우라야 한다. 다시 말하면 헌법소원은 기본권의 직접적인 피해자에게만 허용되므로, 누구에게나 심판청구가 허용되는 민중소송은 현행헌법소원제도상 인정되지 아니한다. 요컨대 헌법소원심판을 청구할 수 있으려면, 기본권의 침해가 자기와 관련이 있을 것(자기관련성)·직접적일 것(직접성)·현실적일 것(현재성) 등의 요건을 갖추어야 한다.

3. 보충성의 원칙

헌법소원의 보충성이라 함은 기본권침해를 제거할 수 있는 다른 수단이 없거나 헌법재판소에 제소하지 아니하고도 동일한 결과를 얻을 수 있는 법적 절차나 방법이 달리 없을 때에 한하여, 예외적으로 인정되는 최후적 기본권보장수단성을 말한다. 헌법재판소법 제68조 제1항 단서는 「다른 법률에 구제절차가 있는 경우에는 그 절차를 모두 거친 후가 아니면」 헌법소원심판을 청구할 수 없다라고 하여 보충성의 원칙을 규정하고 있다. 「다른 법률에 의한 구제절차」라 함은 공권력의 행사 또는 불행사를 직접 대상으로 하여 그 효력을 다

틀 수 있는 적법한 권리구제절차를 의미하는 것이지, 공권력의 행사
또는 불행사의 결과 생긴 효과를 원상복귀시키거나, 사후적·보충적
구제수단인 손해배상청구나 손실보상청구를 의미하는 것은 아니다.

4. 권리보호의 이익(소의 이익·심판청구의 이익)

헌법소원은 국민의 침해된 기본권을 구제하는 제도이므로, 그 제도
의 목적상 당연히 권리보호의 이익이 있는 경우라야 제기할 수 있
다. 따라서 심판청구 당시 권리보호의 이익이 인정되더라도, 심판계
속 중에 생긴 사정변경, 즉 사실관계 또는 법령제도의 변동으로 말
미암아 권리보호의 이익이 소멸 또는 제거된 경우에는, 원칙적으로
심판청구는 부적법하게 된다. 다만 그와 같은 경우에도 그러한 기본
권침해행위가 반복될 위험이 있거나, 그러한 분쟁의 해결이 헌법질
서의 수호유지를 위하여 긴요한 사항이어서 헌법적으로 그 해명이
중대한 의미를 지니고 있는 경우에는, 예외적으로 심판청구의 이익
이 있다고 볼 수 있다.

V. 헌법소원의 심판

1. 지정재판부의 사전심사

헌법재판소법은 헌법소원의 남소로 인한 헌법재판소의 업무량과다
를 조절하기 위한 장치로서 공탁금납부명령제와 지정재판부에 의한
사전심사제를 규정하고 있다. 헌법재판소장은 재판관 3인으로 구성
되는 지정재판부를 두어 헌법소원심판의 사전심사를 담당하게 할
수 있다.

2. 전원재판부의 심판

지정재판부가 헌법소원을 재판부의 심판에 회부하는 결정을 한 때
에는 전원재판부가 이를 심판한다. 헌법소원심판은 서면심리에 의하
되, 재판부가 필요하다고 하는 경우에는 변론을 열어 당사자·이해
관계인 기타 참고인의 진술을 들을 수 있다.

VI. 헌법소원의 종국결정

위헌심사형 헌법소원심판의 경우에 인용결정(위헌결정)이 있으면 「당해 헌법소원과 관련된 소송사건이 이미 확정된 때에는 당사자가 재심을 청구할 수 있다」는 점을 제외하고는, 그 결정형식은 위헌법률심판사건의 그것(합헌결정·위헌결정·변형결정 등)과 다를 것이 없다.

아래에서는 본래의 헌법소원인 권리구제형 헌법소원심판의 종국결정형식만을 살펴보기로 한다.

1. 각하결정

각하결정은 헌법소원심판청구의 요건이 부적법한 경우에 내리는 결정형식이다.

2. 기각결정

기각결정은 헌법소원심판청구가 「이유없는」 경우, 다시 말하면 공권력의 행사 또는 불행사로 말미암아 헌법상 보장된 자신의 기본권이 직접 그리고 현재 침해되었음이 인정되지 아니하여, 청구인의 주장을 배척하는 경우에 하게 되는 결정형식이다.

3. 인용결정

인용결정은 공권력의 행사 또는 불행사로 말미암아 청구인의 헌법상 보장된 기본권이 침해되었음을 인정하는 결정형식이다. 헌법재판소법 제75조에 따라 헌법재판소는 기본권침해의 원인이 된 공권력의 행사를 취소하거나 그 불행사가 위헌임을 확인할 수 있다.

제3강 탄핵심판

Ⅰ. 탄핵제도의 의의

탄핵제도라 함은 일반사법절차에 따라 소추하거나 징계절차로써 징계하기가 곤란한 고위직행정공무원이나 법관 등 신분이 보장된 공무원이 직무상 중대한 비위를 범한 경우에, 이들을 의회가 소추하여 처벌하거나 파면하는 제도를 말한다. 현행헌법에서의 탄핵제도는 형사처벌적 성질의 것이 아니고, 미국·독일 등과 마찬가지로 징계적 처벌의 성질을 가지는 것이다.

Ⅱ. 국회의 탄핵소추권

탄핵을 소추할 수 있는 기관은 국가에 따라 동일하지 아니하나 대체로 의회를 소추기관으로 하고 있다. 현행헌법은 「국회는 탄핵의 소추를 의결할 수 있다」라고 하여, 국회를 탄핵소추기관으로 하고 있다.

1. 탄핵소추의 대상자

헌법은 탄핵소추대상자로서 대통령·국무총리·국무위원·행정각부의 장, 헌법재판소 재판관·법관, 중앙선거관리위원회 위원·감사원장·감사위원, 기타 법률이 정한 공무원을 들고 있다(헌법 제65조 제1항).

2. 탄핵소추의 사유

헌법은 「직무집행에 있어서 헌법이나 법률에 위배된 때」라고 하여 탄핵소추의 사유를 포괄적으로 규정하고 있다.

Ⅲ. 헌법재판소에 의한 탄핵심판

탄핵심판은 실질적 의미에서 사법작용에 해당하므로, 공정하고 중립성이 보장된 기관으로 하여금 담당하게 해야 한다. 현행헌법은 헌법재판소로 하여금 탄핵심판을 담당하게 하고 있다. 그것은 탄핵심판이 헌법수호의 기능까지 아울러 가지고 있는 까닭에, 중립적 입장에서 공정한 심판을 할 수 있는 헌법재판소의 관할로 한 것이다.

1. 탄핵의 결정

   탄핵심판사건은 헌법재판소의 재판관 전원(9인)으로 구성된 전원재
   판부에서 관장한다. 재판장은 헌법재판소장이 된다. 재판부는 재판
   관 7인 이상의 출석으로 사건을 심리하고, 탄핵의 결정을 할 때에는
   재판관 6인 이상의 찬성이 있어야 한다.

2. 탄핵결정의 효과

   탄핵결정은 공직자를 공직으로부터 파면함에 그친다. 그러나 탄핵의
   결정으로 민사상의 책임이나 형사상의 책임이 면제되는 것은 아니
   다. 탄핵의 결정은 징계적 처벌이므로 탄핵결정과 민·형사재판간에
   는 일사부재리의 원칙이 적용되지 아니한다.

제4강 정당해산심판

Ⅰ. 정당해산의 제소

정부는 정당의 목적이나 활동이 민주적 기본질서에 위배될 때에는 국
무회의의 심의를 거쳐 헌법재판소에 해산을 제소할 수 있다. 정부에 대
하여 정당해산제소권을 부여하고 있는 결과, 정당에 대한 위헌 여부의
제1차적 판단은 정부의 권한이다.

Ⅱ. 정당해산의 심판

정당해산심판은 헌법재판소장을 재판장으로 하고, 7인 이상의 재판관
이 출석한 재판부에서 심판한다. 그 심판절차는 구두변론주의와 공개
주의를 원칙으로 한다. 헌법재판소는 정당해산심판의 청구가 있는 경
우에, 청구인의 신청이나 직권으로 종국결정의 선고시까지 피청구인의
활동을 정지하는 결정(가처분결정)을 할 수 있다.

Ⅲ. 정당해산의 결정

헌법재판소는 9인의 재판관 중 6인 이상의 찬성으로써 정당의 해산을
명하는 결정을 할 수 있다. 헌법재판소의 정당해산결정은 각급법원은

물론이고 모든 국가기관을 기속한다.

Ⅳ. 정당해산결정의 집행

헌법재판소가 정당의 해산을 명하는 결정을 한 때에는 결정서를 피청구인과 국회·정부 및 중앙선거관리위원회에 송달하여야 한다. 정당해산결정은 중앙선거관리위원회가 정당법의 규정에 따라 집행한다.

Ⅴ. 정당해산결정의 효과

헌법재판소가 해산결정을 선고하면 그 때부터 그 정당은 위헌정당이 되기 때문에 정당의 특권을 상실한다. 첫째, 정당의 대표자와 간부는 해산된 정당의 강령 또는 기본정책과 동일하거나 그와 유사한 대체정당을 창설하지 못한다. 둘째, 해산된 정당의 잔여재산 중 적극재산은 국고에 귀속된다. 셋째, 소속의원의 자격에 대하여는 규정이 없어 학설이 대립하고 있다. 현대국가들이 정당국가로 발전하고 있는 추세에 비추어 보거나 방어적 민주주의의 관점에서 볼 때, 의원자격을 상실하는 것으로 보는 것이 다수설 입장이다. 넷째, 해산된 정당의 명칭과 동일한 명칭은 정당의 명칭으로 다시 사용하지 못한다.

제5강 권한쟁의심판

Ⅰ. 권한쟁의심판의 의의

권한쟁의라 함은 국가기관 또는 지방자치단체 등간에 권한의 존부나 범위에 관하여 적극적 또는 소극적 분쟁이 발생한 경우에, 독립적 지위를 가진 제3의 기관이 그 권한의 존부·내용·범위 등을 명백히 함으로써 기관간의 분쟁을 해결하는 제도를 말한다.

Ⅱ. 권한쟁의의 심판

1. 권한쟁의심판의 청구사유

기관간에 권한의 존부나 범위에 관하여 다툼이 있으면, 국가기관이나 지방자치단체는 헌법재판소에 권한쟁의심판을 청구할 수 있다.

심판청구는 피청구인의 처분 또는 부작위가 헌법이나 법률에 의하여 부여받은 청구인의 권한을 침해하였거나 침해할 현저한 위험이 있는 때에 한하여 할 수 있다.

2. 권한쟁의심판의 심리

권한쟁의의 심판은 구두변론에 의하며, 심판의 변론과 결정의 선고는 공개한다. 다만 서면심리와 평의는 공개하지 아니한다. 그리고 헌법재판소가 권한쟁의심판의 청구를 받은 때에는 직권 또는 청구인의 신청에 의하여 종국결정의 선고시까지 심판대상이 된 피청구인의 처분의 효력을 정지하는 결정(가처분결정)을 할 수 있다.

Ⅲ. 권한쟁의심판의 결정

1. 결정정족수

권한쟁의의 결정은 재판관 7인 이상이 참석하고, 참석재판관 중 과반수의 찬성으로써 한다.

2. 결정의 내용

헌법재판소는 심판의 대상이 된 국가기관 또는 지방자치단체의 권한의 존부 또는 범위에 관하여 판단한다. 피청구인의 처분이나 부작위가 청구인의 권한을 침해한 때에는 이를 취소하거나 무효를 확인할 수 있다.

3. 결정의 효력

헌법재판소의 권한쟁의심판의 결정은 모든 국가기관과 지방자치단체를 기속한다. 헌법재판소가 부작위에 대한 심판청구를 인용하는 결정을 한 때에는 피청구인은 결정취지에 따른 처분을 해야 한다. 국가기관 또는 지방자치단체의 처분을 취소하는 결정은 그 처분의 상대방에 대하여 이미 발생한 효력에는 영향을 미치지 아니한다.

경찰공무원법 입문
(행정법)

[행정법 학습방법]

제1절 행정법이란 무엇인가

1. 개념

행정법을 처음 접했을 때, 난해하고 어렵다는 인식이 많다. 그러나 행정법은 도로공사, 음식점영업허가, 자동차운전면허발부, 공무원 임용 등과 같이 우리 생활 속에서 이루어지고 있는 행정기관과 국민 간의 법률관계를 규율하는 법이다. 학문적으로 행정법은 국가나 지방자치단체 등과 같은 **행정주체의 조직**과 그러한 행정주체가 내부적 또는 외부적으로 국민에게 행사하는 일정한 행위인 **작용**, 행정주체에 의한 공권력의 행사인 행정작용으로 권리나 이익이 침해된 국민의 구제를 위한 제도를 규율하고 있는 **행정구제**에 관한 내용을 담고 있는 국내공법이다. 권력분립원칙에 따라 국가권력은 법제정행위인 입법, 법적용행위인 사법, 행정으로 분류되는데, 행정은 법집행작용으로 민주주의를 기초로 하는 근대입헌국가의 탄생과 함께 형성된 역사적 산물이다. 행정법은 법에 근거하여 국가공익실현을 위해 토지, 도로의 건설 등 한정된 자원을 효율적으로 이용하는 지침 역할을 하며, 재난구제, 경찰작용, 소방활동 등 국민생활의 필수적 서비스를 제공하며 사회부조, 사회보험 등 최소한도의 인간다운 생활을 보장하기 위한 다양한 생존배려를 제공한다는 점에서 존재의의가 있다.

2. 구별

(1) 민사법과의 구별

민사법은 상대적으로 대등한 사인 간의 법률관계의 분쟁을 재판에 의해 해결하기 위한 사법으로 우월적 지위에 있는 국가와 사인 간의 생활관계의 분쟁해결을 위한 공법인 행정법과 구별된다. 민사법이 사적자치를 기본원리로 한다면 행정법은 공공복리를 기본원리로 하며 적용법규, 절차, 강제집행, 손해배상제도 등에서 구별된다.

이러한 차이 때문에 공익에 봉사하는 법을 공법으로 보고 사익을 실현하는 법을 사법으로 보는 이익설, 국가 등 행정주체를 당사자로 하는 법률관계를 규율하는 법을 공법으로 보고 사인 간의 법률관계를 규율하는 법을 사법으로 보는 주체설, 상하관계에 적용되는 법을 공법으로 보고 대등한 관계에 적용되는 법을 사법으로 보는 종속설 등 공·사법 구별을 위한 판단기준에 대한 학설이 대립한다.

(2) 형사법과의 구별

형법은 범죄의 성립요건과 그에 대한 법적 효과로서의 형사제재를 규정한 법으로 사인인 범죄자를 처벌하는 국가의 공형벌권에 관한 법으로 공법이라는 점에서 행정법과 동일하나, 형법은 행정법과 달리 형법전이라는 단일법전이 존재하고 형사재판에 있어서 적용되는 법이므로 행정법의 범주에 속하는 행형법 등과는 달리 사법법에 속한다.

(3) 특수성

행정법은 개별적 개인이 아닌 국민 전체 또는 다수의 이해관계인의 이익을 대상으로 하므로 획일성과 강행성이 요구되고, 국민의 신뢰보호와 법적 안정성을 위해 성문의 형식을 취함이 원칙이다. 그러나 헌법, 민법, 형법과는 달리 국내 행정법은 단행 법률이 존재하지 않고, 행정소송법, 행정심판법 등 다수의 법령형태로 존재한다(**형식상 특수성**). 또한 행정법은 공익실현을 목적으로 하므로 행정주체에게 우월적 지위를 부여하여 국민에게 강제력 있는 명령을 할 수 있고, 행정활동이 위법하더라도 당연 무효가 아닌 한 권한 있는 행정기관에 의한 행정행위는 취소가 있을 때까지 유효한 공정력을 부여하고 있다(**내용상 특수성**). 행정주체의 공권력행사는 법에 근거하여 법의 범위 내에서 이루어질 것을 엄격히 요하나(**법치행정의 원리**), 오늘날 행정국가화 현상으로 인해 행정활동이 요구되는 분야가 확대되었고 전문성과 기술성을 확보함으로써 효율적으로 공익을 실현하기 위해 행정주체에게 광범위한 재량권이 인정되는 경우가 많다(**성질상 특수성**).

제2절 **행정법의 공부방법**

1. 개념파악

모든 법학이 다 그러하듯이 행정법도 기본개념의 정확한 파악이 첫째이다. 따라서 '의의'라고 되어 있는 부분의 내용을 이해하고, 또한 암기하여야 한다. 다만, 이러한 개념의 정확한 파악은 기본서 전부를 파악하고 있어야 가능한 것이므로 현 단계에서의 알 수 있는 만큼을 이해하고, 더 자세한 내용은 나중으로 미루는 것도 하나의 요령이라 할 수 있다.

2. 학설 및 판례의 정리

행정법은 성문법이 흠결된 경우가 많으므로 공법상의 분쟁은 대부분 이론에 따라 해결된다. 그리고 그 이론은 다양하고, 용어도 조금씩 다르기 때문에 상호간의 관계를 잘 정리할 것이 요구된다. 일단은 가장 보편적 내용으로 정리를 하되, 반대견해가 있을 수 있다는 생각을 항상 가지고 있어야 한다. 다수설(또는 통설)위주로 학설을 정리하면서 판례의 입장을 잘 이해하는 것이 중요하다. 오늘날 법학은 구체적 판례를 중시하며 각종 시험에서도 중점적으로 출제를 하고 있다는 점을 유의할 필요가 있다.

3. 구체적 예 검토

기본서에 나와 있는 대표적이고 구체적인 예를 항상 기억하고 있어야 한다. 기본서의 서술이 개념을 통하여 나타내고 있으므로 잘 이해가 되지 않을 때는 그 구체적 예를 기억하면서 접근할 필요가 있다. 그 대표적 예를 중심으로 서술되어 있는 내용을 이해하면 비교적 쉽게 그 내용을 이해될 수가 있다. 그러므로 기본서에 나오는 대표적인 예를 떠올리면서 그 내용을 기억하고 정리할 필요가 있다고 하겠다.

4. 행정법의 기본이념

행정법을 공부하면서 항상 생각해야 할 것은 행정의 목적달성이라는 공익과, 국민의 권익보호라는 사익을 고려하는 것이다. 특히, 국민의 권익구제 차원에서 어느 것이 타당한가를 검토하다 보면, 어느새 법적인 마인드가 형성되어지기 때문이다. 따라서 항상 국가와 국민 어느 쪽에 유리한 것인가를 검토하면서, 궁극적으로 국민의 권익에 도움이 되는 방법을 찾으려고 노력하는 생각이 필요하다.

제1편 행정법통론

제1장 : 행정

제1절 행정의 의의

1. 행정의 개념징표

ⓒ 국가목적의 <u>구체적·능동적·적극적·형성적</u> 활동이다.

ⓓ 전체로서 통일성을 지닌 <u>계속적·미래지향적</u> 활동이다.

ⓔ 행정은 다양한 법형식에 의한다.

ⓕ 행정의 내용과 범위는 국가와 시대에 따라 다르며, 입법·사법의 내용과 범위의 변천에 따라 변천된다.

2. 형식적 의미와 실질적 의미의 행정, 입법, 사법 비교

구분	형식적 의미의 입법	형식적 의미의 사법	형식적 의미의 행정
실질적 의미의 입법	법률제정	대법원규칙의 제정	긴급명령의 제정, 대통령령 및 부령의 제정, 조례 및 규칙 제정
실질적 의미의 사법	-	재판작용	<u>행정심판의 재결,</u> 소청심사위원회의 재결정, <u>통고처분</u>
실질적 의미의 행정	국회사무총장의 직원임명	일반법관의 임명 <u>부동산의 등기</u>	이발소 영업허가, 운전면허처분, 조세부과처분, 무허가건물에 대한 행정대집행

제2절 통치행위

1. 헌법 제64조는 국회의원의 자격심사, 제명, 징계에 대해 사법심사를 부정하여 통치행위라고 볼 수 있으나, 지방의회의 경우에는 그러하지 아니하다.

2. 개괄주의를 취할 때 그 논의의 실익이 크다. 단, 인정여부에 있어서는 긍정설과 부정설 중에서는 부정설의 논거가 될 수 있다.

3. 오늘날 제도나 이론상으로는 제한된 범위 내에서(즉 점차 축소되는 경향) 통치행위를 인정함이 일반적이다.

4. 프랑스는 행정재판소(Conseil d'Etat)의 판례를 통해 성립·발전하였고, 미국은 Luther vs. Borden Case가 최초판례이다.

5. 대통령의 사면권행사는 통치행위에 해당하며, 사법심사의 대상이 되지 않는다는 점(각하판결)에서 사법심사의 한계문제인 재량행위와 구별된다.

6. 대통령선거, 지방의회의원에 대한 징계의결 등은 사법심사가 가능하여 통치행위성이 인정되지 않는다.

〈판례〉

(1) 통치행위에 해당하는 경우

① "대통령의 계엄선포행위는 고도의 정치적·군사적 성격을 지니고 있는 행위로서 그것이 누구나 일견 헌법이나 법률에 위반되는 것이 명백하게 인정될 수 있는 것이라면 몰라도 그렇지 아니한 이상 당연무효라고 단정할 수 없다……. 계엄선포의 당·부당을 판단할 권한과 같은 것은 오로지 정치기관인 국회에만 있다(대재 1964. 7. 21, 64초4)."

② 남북정상회담의 개최는 고도의 정치적 성격을 지니고 있는 행위라 할 것이므로 특별한 사정이 없는 한 그 당부를 심판하는 것은 사법권의 내재적·본질적 한계를 넘어서는 것이 되어 적절하지 못하지만….

③ "헌법재판소는 최근에 이라크파병(자이툰부대파견)결정위헌확인사건에서 대통령이나 국회의 고도의 정치적 결단에 대해서는 사법심사를 자제해야 한다는 이른바 '통치행위이론'을 인정하여, 이라크파병결정은 헌법소원의 대상이 되지 않는다고 부적법각하한 바 있다."

④ 대통령의 사면권은 고도의 정치적 결단에 의하여 발동되는 행위이고 그 결단은 존중되어야 할 필요성이 있는 행위라는 의미에서 이른바 통치행위에 속한다고 볼 수 있고 이러한 대통령의 사면권은 사법심사의 대상이 되지 않는다고 할 것이다(서울행정법원 2000.2.2, 99구24405).

제2장 행정법

제1절 행정법의 의의

최근 행정법이론의 경향은 행정소송에서의 원고적격의 확대, 국가배상소송에서의 위험책임론의 확장, 정보공개 및 행정절차의 통제의 확대, 행정재량 및 판단여지의 통제의 확대 등을 들 수 있다.

제2절 행정법의 성립과 유형

1. 독일행정법은 행정주체의 우월성이 인정되는 공권력을 중심으로 행정법이 발달하였다. 이에 반해 공역무개념, 공법상 계약은 프랑스행정법의 중심작용이다.
2. 영·미 행정법은 제2차 대전 후가 되어야 대륙법계의 실체법 중심과는 달리 행정절차, 행정정보공개 등 <u>절차법을 중심</u>으로 발전하였다.
3. 우리 헌법은 행정소송을 포함한 모든 법률적 쟁송을 행정법원이 담당한다는 점에서 <u>영미법계의 사법국가주의</u>을 취하고 있다.
4. 행정소송은 3심제, 특허소송은 2심제를 채택하고 있다.

제3절 법치행정의 원리(행정의 법률적합성의 원칙)

1. 형식적 법치주의는 행정부에 대한 입법부의 우위를 뜻하나, 실질적 법치주의는 <u>입법부</u>에 대한 사법부의 우위를 뜻한다.
2. □ 법률우위의 원칙과 법률유보의 원칙

	법률의 우위	법률의 유보
개념	모든 행정작용은 법률에 위반되지 않아야 한다는 원칙	일정한 행정작용은 법률의 근거가 있어야 한다는 원칙
성질	법치행정의 소극적 측면	법치행정의 적극적 측면
문제되는 영역	법률이 있는 경우에 문제됨	법률이 없는 경우에 문제됨
적용범위	모든 행정작용에 적용됨	행정의 어느 영역까지 적용할 것인지 학설대립
법률의 의미	성문법, 불문법을 포함한 모든 법을 의미	형식적 의미의 '법률'을 의미, 단 위임명령은 가능

3. □ 법률유보원칙의 적용범위에 관한 학설

구 분	내용	비판
침해행정유보설	침해행정에는 법적근거필요 19세기 자유주의적 법치국가의 법률유보이론이다.	19C 야경국가하에서의 이론, 오늘날 급부국가에서는 문제
신침해유보설	침해행정+특별권력관계에도 필요	
급부행정유보설	침해행정+급부행정에도 필요	급부행정의 경우 오히려 국민에게 불리할 수도
권력행정유보설	침해, 수익이 아닌 권력행정에 필요	
전부유보설	모든 행정작용에 필요	지나치게 국민주권 및 민주주의를 강조 모든 국가작용을 입법부에 종속시 킴으로써 행정부에 대한 입법부의 우위를 가정하여 권력분립의 정신 에 반한다고 비판
중요사항유보설 (본질성설)	공동체 기본권관련하여 본질적 이고 중요하면 필요- 규범의 강도(밀도)	기준이 불명확

제3장   행정법의 법원

제1절 개설

- 행정권의 조직과 작용에 관한 실정법의 존재형식 내지 인식근거를 말한다.
- **성문법원** ; 헌법, 법률(조약 및 일반적으로 승인된 국제법규), 명령(대통령령(시행령), 총리령, 부령(시행규칙), 조례, 규칙
- **불문법원** ; 관습법, 판례법, 조리, 일반원칙

제2절 행정법의 성문법원

- 국제조약은 별도의 입법조치가 없어도 국내법에서 효력을 가지며, 국제조약이 국내법과 충돌될 경우에는 신법우선의 원리, 특별법우선의 원리가 적용되게 된다.
- 위 협정은 국가와 국가 사이의 권리·의무관계를 설정하는 국제협정으로, 그 내용 및 성질에 비추어 이와 관련한 법적 분쟁은 위 WTO 분쟁해결기구에서 해결하는 것이 원칙이고, 사인(사인)에 대하여는 위 협정의 직접 효력이 미치지 아니한다고 보아야 할 것이므로, 위 협정에 따른 회원국 정부의 반덤핑부과처분이 WTO 협정위반이라는 이유만으로 사인이 직접 국내 법원에 회원국 정부를 상대로 그 처분의 취소를 구하는 소를 제기하거나 위 협정위반을 처분의 독립된 취소사유로 주장할 수는 없다 (대법원 2009.1.30. 2008두17936).

제3절 행정법의 불문법원

1. 관습법

(1) 의의

- 스스로 발생한 관행(관습)이 오랫동안 반복된 것으로 국민 또는 관계자의 법적 확신을 얻어 법규범으로 인식·승인된 것

(2) 성립요건

　　① 객관적 요건 – 행정의 관행

　　② 주관적 요건 – 당사자들의 법적확신

(3) 종류

　　① 행정선례법

　　　– 국세기본법 제18조 제3항, 행정절차법 제4조 제2항 명시적으로
　　　　규정

　　② 민중적 관습법

　　　– 입어권, 관개용수리권 등 관습법상상의 유수사용권 등

(4) 효력

　　① 개폐적 효력설

　　② <u>보충적 효력설</u>(통설 판례)

　　　– **판례** ; 가족의례준칙 제13조의 규정과 배치되는 관습법의 효력
　　　　을 인정하는 것은 관습법의 제정법에 대한 열후적·보충적 성격
　　　　에 비추어 민법 제1조의 취지에 어긋나는 것이다.

2. 판례법

– 영미법계는 '선례구속성의 원칙'에 따라 판례법의 법원성을 인정.
　대륙법계는 판례법의 법원성을 부정하는 입장

– 우리 법원조직법은 상급법원의 법률적·사실적 판단은 '<u>당해 사건</u>'에 관
　하여 하급심을 기속하는 효력을 가질 뿐이라고 규정하고 있다(동법 제8조,
　민사소송법 제436조 제2항 후단 참조).

– 헌법재판소의 위헌결정은 법원으로서의 성격을 가짐.

3. 조리법(행정법의 일반원칙)

– 법해석의 기본원리로서 성문법·관습법·판례법이 존재하지 아니하는 경
　우 최후의 보충적 법원.

제4절 **행정법의 일반원칙**

제1항 비례의 원칙

1. 행정법상의 비례원칙은 경찰행정 및 질서행정영역에서 생성 발전된 것으로, 국민에게 유리한 급부행정분야에 있어서는 인정되지 않는다.(X)
2. 적합성, 필요성(최소침해의 원칙), 상당성의 원칙(협의 비례원칙)은 단계적 심사구조이다.

제2항 신뢰보호의 원칙

I. 의의

- 신뢰보호의 원칙은 미망인 판결 등 급부행정영역에서 주로 문제되기 시작하여 전 행정영역으로 확대되어 가는 경향을 띠고 있다.
- 한편 영·미법상의 금반언 법리에 뿌리를 두고 있다.

II. 법적 근거

- 오늘날에는 신의칙에서 도출되는 것으로 보는 견해가 통설 판례이다.(X)

III. 신뢰보호의 요건

1. 행정기관의 선행행위(공적 견해표명)
   (1) 학설
      ① 법령, 행정계획, 행정행위, 확약 기타 행정청의 명시적, 묵시적 언동, 적극적 작용이든 소극적 작용이든 모두 포함된다.
      ② 선행조치에는 적법행위뿐만 아니라 <u>위법한 행위도 포함</u>. 단 <u>무효인 행위는 X</u>(판례)
   (2) 판례
      ① 행정기관의 선행행위를 '명시적 또는 묵시적 공적 견해에의 표명'에로 국한시켜, 추상적 질의에 대한 일반적 견해표명은 이러한 공적 견해의 표명으로 볼 수 없다고 한다(대판 2000. 2.

11, 98두2119).

② 행정청의 공적 견해표명이 있었는지 여부는 <u>반드시 형식상의 권한분배에 구애될 것은 아니고</u> 담당자의 조직상의 지위와 임무, 구체적인 경위 및 그에 대한 상대방의 신뢰가능성에 비추어 <u>실질에 의해 판단</u>하여야 한다.

〈판례〉

1. 공적견해표명으로 본 판례
   - 운송면허세의 부과근거이던 지방세법시행령이 1973.10.1 제정되어 1977.9.20에 폐지될때까지 4년 동안 그 면허세를 부과할 수 있는 점을 **알면서도** 피고가 수출확대라는 공익상 필요에서 한 건도 이를 부과한 일이 없었다면 납세자인 원고는 그것을 믿을 수밖에 없고 그로써 비과세의 관행이 이루어졌다고 보아도 무방하다(대판 1980.6.10, 80누6).
   - 폐기물처리업에 대하여 관할 관청의 사전 적정통보를 받고 막대한 비용을 들여 허가요건을 갖춘 다음 허가신청을 하였음-에도 청소업자의 난립으로 효율적인 청소업무의 수행에 지장이 있다는 이유로 한 불허가처분이 신뢰보호의 원칙에 반하여 재량권을 남용한 위법한 처분이다(대법원 1998. 5. 8, 98두4061).

2. 보호할 만한 가치 있는 신뢰(관계인의 귀책사유가 없을 것)
   - 판례는 관계인에게 귀책사유가 없을 때에 신뢰의 보호가치가 인정된다고 본다.
   - 이때 귀책사유라 함은 ⓐ 행정청의 견해표명의 하자가 상대방의 사실은폐 기타 사위의 방법 등 부정행위에 기인한 것이거나 ⓑ 그러한 부정행위가 없다 하더라도 하자가 있음을 알았거나 ⓒ 중대한 과실로 알지 못한 경우 등을 의미한다.
   - 여기에서 귀책사유의 유무는 상대방과 그로부터 신청행위를 위임받은

수임인 등 관계자 모두를 기준으로 판단하여야 한다(대판 2002. 11. 9, 2001두1512).

3. 신뢰에 따른 관계인의 처리
4. 인과관계
5. 선행행위에 반하는 후행조치

제3항 평등의 원칙 및 행정의 자기구속의 법리

I. 평등원칙

평등의 원칙은 위법한 행정작용에 있어서는 적용되지 않는다(불법의 평등은 인정될 수 없다).

II. 행정의 자기구속의 법리

1. 의의
2. 다른 개념과의 구별
   - 행정이 법률에 구속되는 것(타자구속)과 구별된다.
3. 법리등장의 배경 및 기능
   - 행정의 <u>재량권 행사에 대한 사후적 사법통제를 확대하기 위함이다.</u>
   - 행정을 탄력적인 운용의 저해와 행정활동의 경직성을 초래하는 등의 문제점이 있다.
4. 행정의 자기구속의 근거
   - 행정의 자기구속의 근거를 신뢰보호의 원칙 내지 신의칙에서 찾는 견해도 있으나, 평등원칙에서 구하는 것이 학설·판례의 일반적 경향이다.
5. 적용요건
   (1) **재량행위의 영역일 것**
      - 기속행위 영역에서는 인정 X

(2) 동종의 사안일 것

(3) 선례가 존재할 것

　　－ 선례 없이도 자기구속의 법리를 인정하면 재량준칙의
　　　　법규성을 인정하는 결과가 되므로 선례가 있어야 된다는
　　　　입장(다수설).

제4항 부당결부금지의 원칙

I. 의의

II. 근거

　－ 헌법상의 원칙(다수설)이 아닌 법률상의 원칙에 그친다고 보는 견해
　　(소수설)도 있다.

III. 요건

IV. 적용범위

1. 부관(주로 조건 내지 부담)에 적용된다.
2. 공법상 계약을 체결함에 있어서 반대급부를 결부시키는 경우에 적
　 용된다.
3. 행정상의 의무이행강제수단(공급거부/관허사업의 제한)에 적용된다.

V. 위반의 효과 ⇨ 위법

　－ 이륜자동차를 음주운전한 사유만으로 제1종 대형면허나 보통면허의
　　취소·정지를 할 수 없다는 판례(대법원 1992.9.22. 선고 91누8289 판결
　　【자동차운전면허취소처분취소】)는 부당결부금지원칙 위반과 관련한
　　것이다.(0)
　－ 제1종 보통면허로 운전할 수 있는 차량을 음주운전한 경우에 이와
　　관련된 면허인 제1종 대형면허와 원동기장치자전거면허까지 취소할
　　수 있다(대판 1994.11.25., 94누9672).

제5절 행정법관계의 내용

I. 개설

II. 국가적 공권 종류

경찰권, 규제권, 공기업특권, **공용부담권**, 조세권, 공물관리권, 재정권, 군정권 등

III. 개인적 공권

1. 개인적 공권의 성립요건
   - 뷜러(Bühler)의 공권성립의 3요소론
     ① 강행법규의 존재
     ② 사익보호성
     ③ 소구가능성(의사관철력)의 존재(현재는 요건으로 인정 안됨)

2. 개인적 공권의 특수성과 한계
   (1) 특수성
     ① 이전성의 제한
       - 공권은 보통 공익적 견지에서 인정된 것으로 일신전속성을 가지는 경우가 많다.
       - 양도, 상속 등 타인에게의 이전이 부인되는 경우가 많다(공무원연금법의 연금청구권, 국가배상법 제4조(생명, 신체의 침해)의 손해배상청구권, 국민기초생활보장법의 급여를 받을 권리 등의 양도금지).
       - 그러나 공권 중에도 주로 채권적·경제적 가치를 내용으로 하는 것은 이전이 인정됨이 보통이다(손실보상청구권, 공무원의 여비청구권 등).
     ② 포기성의 제한
       - 공권은 보통 공익적 견지에서 인정된 것으로 법규에 특별한 규정이 있는 경우를 제외하고는 포기할 수 없음이

원칙이다(소권, 선거권, 봉급청구권, 연금청구권 등).

- 그러나 그 권리가 주로 경제적 가치를 내용으로 하고, 그 포기가 공익에 현저한 영향이 없는 것일 때에는 포기가 인정된다(손실보상청구권, 공무원의 여비청구권, 국회의원의 세비청구권 등).

③ **비대체성** : 그 일신전속적 성질로 인하여 타인에의 대리·위임이 제한되는 경우가 많다(투표권·선거권·응시권 등의 대리·위임 금지).

④ **시효제도의 특성** : 공권의 소멸시효는 사권에 비해 단기인 것이 보통이며, 공법상의 금전채권은 소멸시효기간이 __5년__이다(국가재정법 제96조, 지방재정법 제69조).

3. 개인적 공권의 보호·확대

 (1) 법률상 이익의 확대화 경향

- 공물의 일반사용으로 인한 이익이 언제나 반사적 이익이라고 말할 수만은 없다.(0)
- 도로에 접한 주민의 도로사용은 일반인에 비해 보다 강화된 권리로서 인정되어야 한다.
- 현대국가에서 공권개념의 확장은 행정개입청구권, 무하자재량행사청구권, 반사적 이익의 보호이익화, 절차적 권리 등으로 나타나고 있다.
- 종래 행정법규가 재량규범인 경우에는 공권이 성립되지 않는다고 보았으나, 최근에는 재량권의 한계이론의 발달로 무하자재량행사청구권을 인정하게 되었고 나아가 재량권이 0으로 수축되어 기속행위가 되는 때에는 행정개입청구권 등이 성립되어 재량규범에서도 공권이 성립될 수 있다고 본다.

(2) 무하자재량행사청구권과 행정개입청구권

구분	무하자재량행사청구권	행정개입청구권
의의	하자없는 재량권의 행사를 청구하는 권리	행정행위발급청구권(자기에게) 협의행정개입청구권(제3자에게)
내용	하자없는 어떠한 처분	특정한 처분
인정여부	긍정설이 다수설	긍정설이 다수설
법적 성질	적극적 권리 형식적 또는 절차적 공권	적극적권리 실체적 공권
요건	강행법규성(하자없는 재량권 행사의무) 사익보호성	강행법규성(개입의무) 사익보호성
적용영역	재량행위(기속재량,선택재량 모두 인정(다수설))	재량행위, 기속행위
관련이론	재량의 한계이론	재량의 영으로의 수축이론

IV. 공의무

- 공의무는 원칙적으로 법령 또는 법령에 의거한 행정행위에 의하여 발생된다.
- 공법상 계약에 의해서도 발생할 수 있다.
- 일신전속적 성질을 가진 공의무의 경우 공권과 마찬가지로 **이전·포기가 제한**된다.
- 다만, 금전 기타 경제적 가치의 급부를 내용으로 하는 공의무인 때에는 이전이 인정된다(납세의무 기타 공법상 금전급부의무에 관한 상속인의 승계).

V. 공권·공의무의 승계

- 일신전속적인 권리·의무는 양수인에게 승계되지 않는다고 보아야 한다.
- 명문규정으로 생명·신체의 침해로 인한 국가배상을 받을 권리의 양도를 금지하는 국가배상법 제4조 등이 있다.

제2편 행정작용법

제1장 행정입법

제1절 개설

1. 행정입법의 의의 – 행정권이 법조의 형식으로 **일반적·추상적 규범**을 정립하는 작용이다.
2. 법규명령과 행정규칙의 구별

	법규명령	행정규칙
의의	법규성이 있는 행정입법	법규성이 없는 행정입법
종류	대통령령, 총리령, 부령 등 위임명령·집행명령	재량준칙, 규범해석규칙 등 훈령, 예규, 지침, 고시 등
법규성	있음	없음
성격	타율적 행정입법	자율적 행정입법
제정근거 (법률유보)	법령상의 수권 위임명령–명시적수권 요/ 새로운 입법사항 제정 가능 집행명령–명시적수권 불요/ 새로운 입법사항 규정 불가	수권이 없어도 가능, 행정권의 고유한 권능
법률우위	적용	적용
절차	법제처 심사, 국무회의 심의(대통령령), 행정절차법상 입법예고	특별한 절차규정이 없다
공포	요함	불요
효과의 성질	<u>외부적 구속효</u>(행정과 국민 모두 구속) 양면적 구속력	<u>내부적구속효</u>(수명자만 구속) 일면적 구속력
재판규범성	<u>인정</u>	<u>부정</u>
위반의 효과	<u>위법</u>	<u>바로 위법은 아님, 단, 징계책임은 가능</u>
법형식	조문의 형식 (원칙) 헌법 제75·95조 등 헌법이 예정한 대통령령·총리령·부령 형식	조문의 형식, 구두로도 가능(원칙) 사무관리규정이 예정한 고시·훈령 등의 형식

	(예외) 행정규제기본법 제4조 제2항 단서에 근거한 고시 등 형식	
통제	입법적 통제– 동의권유보등 직접적 통제 미비/ 간접적 통제(탄핵소추, 국정감사 등) 행정적 통제 사법적 통제(구체적 규범통제/ 항고소송 X, 단 처분적 명령은 가능)	입법적 통제 – 간접적 통제 행정적 통제 사법적 통제 – 구체적 규범통제 대상 x
소멸	폐지, 종기도래, 근거법령의 소멸 등	비교적 자유롭다.
공통점	일반적 추상적 규율, 원칙적 처분성 부정 내부적 구속효 둘다 인정	

제2절 법규명령

1. 법규명령의 의의와 성질
2. 법규명령의 유형
   - 헌법 이외의 법률에 의한 법규명령을 인정할 수 있다는 것에 대해서는 이론이 없다.(X)
   - 법률보다 하위의 효력을 가진 명령으로서, 기능상 위임명령과 집행명령으로 나눈다.

〈 위임명령과 집행명령의 비교 〉

구 분	위임명령	집행명령
의의	법률 또는 상위법령에 의하여 구체적으로 범위를 정하여 위임된 사항에 관하여 발하는 명령	상위법령의 범위 내에서 그 시행에 관한 세부적·기술적 사항을 규율하기 위하여 발하는 법규명령
근 거	상위법령의 명시적 수권이 필요	상위법령의 명시적 수권 없이도 가능
규율대상	위임받은 범위 내에서는 국민의 권리·의무에 관한 새로운 법률사항(입법사항)에 관하여도 규율할 수 있다.	국민의 권리·의무에 관한 새로운 법률사항을 규정할 수는 없다
공통점	•법규명령(법률종속명령) •법규성 인정 •법조형식·공포를 요함 •일반적으로 위임명령과 집행명령은 하나의 명령에 함께 제정	

제3절 **행정규칙**

1. 의의

(1) 개념

- 행정기관이 법률의 수권 없이 그의 권한의 범위 내에서 정립하는 일반적·추상적인 규율이다.

(2) 법규명령과의 구별(법규명령 참조)

2. 행정규칙의 법적 성질

대법원 및 헌법재판소는 원칙적으로 행정규칙의 외부법으로서의 법규성을 부인하다.

① 원칙적인 판례의 입장
  - 행정규칙의 법규성을 부인한다.
    - ㉠ 서울특별시 상수도손괴 원인자부담 처리지침(대판 1993.4.23, 92누7535).
    - ㉡ 서울특별시 개인택시 운송사업 면허업무처리요령(대판 1997.9. 26, 97누8878).
    - ㉢ 서울특별시 철거민에 대한 시영아파트 특별 분양 개선지침 (대판 89.12.26, 87누1214).

② 예외적인 판례의 입장
  - ㉠ 이른바 행정규칙형식의 법규명령(법령보충규칙)의 경우
    - ⓐ 훈령형식으로 제정된 경우
      - 국세청장훈령인 '재산제세 사무처리규정': 소득세법시행령의 위임에 의하여 국세청장이 제정한 것으로 과세의 법령상 근거가 되는 법규명령으로서의 효력을 갖는다고 최초로 판시함 (대판 1987. 9. 29, 86누484).
      - 국무총리훈령인 '개별토지가격합동조사지침': 집행명령으로서 법률보충적인 구실을 하는 법규적 성질을 가지고 있는 것이라

고 판시함(대판 1994. 2. 8, 93누111).

   ⓑ 고시형식으로 제정된 경우

      – '액화석유가스판매업허가처리기준에관한고시'사건(대판 1991. 4. 23, 90누6460).

3. 행정규칙의 종류

(1) 내용에 따른 분류

① 규범해석규칙

  – 상급기관이 하급기관의 법령해석을 통일시키기 위하여 발하는 행정규칙

  – 요건의 불확정개념의 적용에 있어서 그 해석이나 적용방향을 정하기 위해 발령

② 재량준칙

  – 상급기관이 하급기관의 재량권 행사에 관한 기준을 정하는 행정규칙

〈판례〉

행정규칙이 법령의 규정에 의하여 행정관청에 법령의 구체적 내용을 보충할 권한을 부여한 경우, 또는 재량권행사의 준칙인 규칙이 그 정한 바에 따라 되풀이 시행되어 행정관행이 이룩되게 되면, <u>평등의 원칙이나 신뢰보호의 원칙에 따라 행정기관은 그 상대방에 대한 관계에서 그 규칙에 따라야할 자기구속을 당하게 되고, 그러한 경우에는 대외적인 구속력을 가지게 된다</u> 할 것이다 (헌재 1990. 9. 3, 90헌마13).

(2) 형식에 따른 분류

실정법상 행정규칙은 통상 고시와 훈령으로 발령된다. 그런데 훈령은 다시 좁은 의미의 훈령·지시·예규·일일명령으로 세분된다.

① 훈령(광의)

　(가) 훈령(협의)

　　상급기관이 장기간에 걸쳐 하급기관의 권한행사를 지휘·감독하기 위하여 발하는 행정규칙(나) 지시

　　상급기관이 직권 또는 하급기관의 문의나 신청에 대하여 개별적·구체적으로 발하는 명령(다) 일일명령

　　당직·출장·휴가·특근 등의 일일업무에 관한 명령, 일반적·추상적 규율을 행하는 것이 아닐 때에는 단순한 직무명령에 해당

　(나) 예규

　　법규문서 이외의 문서로서 반복적 행정사무의 기준을 제시하는 명령

② 고시

　- 원칙적으로 행정규칙의 성질을 갖는다.

　- 다만 예외적으로 상위법령에 근거하여 발하여지고, 상위법령과 결합하여 법규명령으로서의 효력을 가지는 경우도 있다(통설, 판례).

　- 법규명령적 고시가 집행행위의 매개없이 직접 국민의 권리 의무에 영향을 미치는 경우(처분적 고시)는 항고소송의 대상이 되는 경우도 있다.

제2장 　행정행위

제1절 행정행위의 의의

I. 개설

　- 행정행위의 개념은 실정법상의 것이 아니라 학문상의 개념으로서 행정재판제도를 가진 독일·프랑스 등 대륙법계 국가에서 형성되었다.

II. 행정행위의 개념

1. 행정행위의 개념

- 통설은 행정행위를 '행정청이 법 아래에서 구체적 사실에 대한 법집행으로서 행하는 권력적 단독행위인 공법행위'로 이해한다(최협의설, 통설·판례).

2. 행정행위의 개념요소

(1) 행정청의 행위

① 법규정

- 행정절차법 등은 행정청을 '행정에 관한 의사를 결정하여 표시하는 국가 또는 지방자치단체의 기관 기타 법령 또는 자치법규에 의하여 행정권한을 가지고 있거나 위임 또는 위탁을 받은 공공단체나 그 기관 또는 사인'으로 정의

② 행정청의 범위

(가) 조직법상의 행정청인 국가나 지방자치단체의 행정기관뿐만 아니라 공사 기타 공법인이나 공무수탁사인이라도 국가로부터 행정권을 부여받은 범위 안에서 행정청에 포함된다.

(나) 행정청은 단독기관(행정안전부장관, 병무청장 등)임이 보통이나 합의제기관(토지수용위원회)도 행정청이 될 수 있다.

(다) 국회나 법원의 기관도 행정청의 기능을 하는 경우도 있다(예; 공무원의 임명 등).

(라) 자동장치에 의한 행정자동결정(교통신호)은 행정행위의 일종이 된다.

(2) 공법적 행위

- 행정청의 법적 행위라도 물자구매 등의 **국고행위**나 영리활동 또는 공적 임무를 수행하기 위한 **사법상 계약** 등은 행정행위가 아니다.

(3) 외부에 대한 직접적 법효과를 가져오는 법적 규율행위

① 법적 규율행위
- 법적 효과를 발생시키지 않는 단순한 조사·사실행위와는 구별된다.

② 외부에 대한 직접적인 법적 효과
- **행정조직 내부의** 행위는 그것이 설사 법적인 규율행위라 하더라도 행정행위가 아니다.
- 특별권력관계에 있어서의 그 구성원의 지위에 관련된 일정한 행위에 대해서는 행정행위성이 인정된다.

(4) 구체적 사실에 대한 규율행위

규율대상 / 관련자	구체적 규율	추상적 규율
개별적	행정행위(개별처분) : 가장 기본적인 형태의 행정행위	행정행위 : 특정인에 대해 장래의 불특정 사건을 규율하기 위하여 일정한 조치를 취하도록 하는 것 (甲에게 눈이 올 때마다 집앞을 쓸것을 명)
일반적	행정행위(일반처분) : 행정청이 불특정 다수인(일반인)에 대해 특정사안을 규율하는 경우	입법(법정립작용) : 행정행위 X

(5) 권력적 단독행위(고권적 행위)
- 일방적으로 행하는 '권력적 단독행위'이므로 공법상 계약 또는 공법상 합동행위와 구별 — 법률관계의 내용이 일방적으로 결정되는 한에 있어서는 그 성립에 있어 상대방의 동의나 신청 등의 협력이 필요한 경우도 행정행위
- 행정행위의 신청이 있는 경우 그것을 거부하는 행정작용(거부처분)도 행정행위

제2절 **행정행위의 종류**

I. 행정주체에 따른 분류

II. 행정행위의 내용에 따른 분류(의사표시의 유무에 따른 분류)

III. 법률효과의 성질에 따른 분류

1. 수익적 행정행위

2. 부담적 행정행위(침익적 행정행위)

3. 복효적 행정행위(이중효 행정행위·제3자효 행정행위)

(1) 의의

① 혼효적 행정행위

- 하나의 행정행위가 동일인에게 수익적 효과와 부담적 효과가 함께 발생하는 행위

② 제3자효 행정행위

- 한 사람에게는 수익적 효과가 발생하고 다른 사람에게는 부담적 효과가 발생되는 경우
- 특히 문제가 되는 것은 제3자효적 행정행위이다.

③ 특색

취소소송에 있어서 소익의 확대화 경향에 따라 원고적격이 부정되었던 제3자 또는 주민에게 소익이 널리 인정되면서 논의되어졌다.

④ 논의영역

복효적 행정행위는 주로 환경법, 건축법, 영업허가법, 소비자보호법 등에서 문제된다.

IV. 행정행위의 대상에 따른 분류

1. 대인적 행정행위

(1) 사람의 지식·기능·경험과 같은 개인적 사정에 착안하여 행하여지

는 행정행위

    (2) 예컨대, 자동차운전면허, 의사면허, 인간문화재 지정 등이 있다.

    (3) 대인적 행정행위의 효과는 일신전속적이기 때문에 이전할 수 없다.

2. 대물적 행정행위

    (1) 물건의 객관적 사정에 착안하여 직접 물건에 대하여 법률상의 자격을 부여하며, 그에 대해 새로운 권리관계나 법률관계를 형성하는 행정행위이다.

    (2) 예컨대, 공물의 공용개시, 국립공원의 지정, 건축물 준공검사, 건축허가, 자동차검사증교부 등이 있다.

3. 혼합적 행정행위

    (1) 인적인 자격요건 이외에 물적 요건 등 양쪽 요소를 아울러 정하고 있는 경우의 행정행위를 말한다.

    (2) 예컨대, 총포·화약류영업허가, 석유·가스사업허가, 약국영업허가 등이 있다.

    (3) 이전성이 제한되는 것이 보통이다.

V. 상대방의 협력을 요건으로 하느냐의 여부에 따른 분류

1. 일방적 행정행위(협력을 요하지 않는 행정행위)
2. 쌍방적 행정행위(협력을 요하는 행정행위)

    상대방의 신청·동의·출원 등에 기하여 행해지는 행정행위를 말한다.

VI. 행정주체에게 재량이 있느냐의 여부(법규에의 구속 정도)에 따른 분류

1. 기속행위와 재량행위의 구별

    (1) 개념

      ① 기속행위

      ② 재량행위

        – '결정재량': 관계법규상 행정청이 당해 행위를 할 것인가 말

것인가의 여부에 관한 재량 '선택재량: 법규가 허용한 여러 조치 중에서 어떠한 것을 할 것인지 여부에 관한 재량.

(2) 기속재량·자유재량

〈판례〉

재량권의 남용이나 재량권의 일탈의 경우에는 그 재량권이 기속재량이거나 자유재량이거나를 막론하고 사법심사의 대상이 된다(대판 1991.2.12, 90누5825).

2. 재량권의 한계 – 재량의 하자

(1) 의의
- 재량의 행사가 목적과 한계를 벗어나면 재량하자가 있는 것이 되고, 위법한 것이 되어 사법심사의 대상이 된다(행정소송법 제27조).

(2) 유형
① 재량권의 일탈(외적 한계 · 유월, 법규상 한계)
- 법률의 외적 한계를 넘어 재량권을 행사하는 것
② 재량권의 남용(내적 한계)
- 비례원칙, 평등의 원칙 등 재량권의 내적 한계를 넘어 재량권을 행사하는 것
- 예컨대 수권목적의 위반, 동기의 부정, 사실의 오인, 비례원칙, 평등원칙 등 행정법의 일반원리 위반 등.
③ 재량권의 불행사
- 재량은 반드시 행사되어야 하는 의무이며, 이를 행사하지 않으면 즉 재량권의 불행사도 위법한 것이 된다. 이는 재량의 남용의 한 유형으로 보기도 한다.

제3절 **행정행위의 내용**

I. 법률행위적 행정행위

1. 명령적 행위

- 공공복리 또는 이익을 위하여 개인의 자연적 자유를 제한하거나 그 제한을 해제하는 행위라는 점에서, 국민의 권리 또는 능력의 발생·변경·소멸을 목적으로 하는 형성적 행위와 구별된다.
- 명령적 행위를 위반한 행위는 행정상의 강제집행 또는 행정벌의 대상이 될 뿐이고, 그 행위의 법률상의 효력에는 영향을 미치지 않는다.

(1) 하명
① 의의
- 하명이란 일반통치권에 기하여 국민의 자유를 제한하고, 의무를 부과하는 행정행위이다.
- 작위·부작위·수인·급부의무를 명하는 행정행위이다.

② 근거
하명은 부담적 행정행위이므로 법령의 근거를 필요로 한다.

③ 형식
(가) 법규하명 : 행정법규 자체가 국민의 자유를 제한하고, 특정한 의무를 규정함으로써 직접 법적 효과가 발생되는 경우의 하명이다(건축법에 의한 건축금지).
(나) 하명처분 : 근거법규의 집행을 위하여 구체적 처분이 있음으로써 비로소 현실적으로 하명의 효과가 발생하는 경우의 하명이다.

④ 대상 및 상대방
(가) 사실행위(도로청소, 교통장해물의 제거 등)일 때도 있고, 법률행위(무기매매금지,영업양도금지 등)일 때도 있다.
(나) 또한 하명의 상대방은 특정인인 경우가 일반적이지만, 불특정 다수인을 상대로 하는 일반처분도 있을 수 있다(도로통행

금지).

⑤ 효과

(가) 대물적 하명의 경우에는 하명의 대상이 된 물건을 승계한 자에게 그 효과가 승계됨이 보통이다.

(나) 수명자가 의무를 위반하면 행정강제, 행정벌, 새로운 의무이 행확보수단 등이 부과된다. 하명에 위반한 행위 자체의 법률적 효력이 부인되는 것은 아니다.

(2) 허가

① 의의

- 일반적·상대적 금지를 특정한 경우에 해제하여 적법하게 일정한 사실행위 또는 법률행위를 할 수 있게 하는 행위

〈예외적 승인(허가)〉

(1) 의의

사회적으로 유해한 행위임으로 인하여 일반적(억제적)으로 금지된 행위를 특정한 경우에 예외적으로 비정형적인 사태의 해결의 필요에 의해 적법하게 할 수 있게 하여 주는 행위

(2) 구체적 예

학교환경위생정화구역 내에서의 여관, 당구장, 사행행위장 등 설치의 승인(학교보건법 제6조), 개발제한 구역 내에서의 건축허가(개발제한구역의지정및관리에관한특별조치법 제11조 제1항), 치료목적의 아편사용(마약류관리에관한 법률 제3조), 자연공원법 제23조 에 의한 개발허가 등을 볼 수 있다.

(3) 재량성

허가는 일반적으로 기속행위의 성격을 갖지만, 예외적 허가(예외적 승인)는 공익목적이 강하므로 일반적으로 재량행위의 성질을 갖는다.

② 성질

   (가) 행정행위

      하명과 달리 허가는 행정행위로서의 허가만이 있고 법규허가는 없다.

   (나) 재량행위·기속행위

      법문상의 표현이 불명확한 경우에는 원칙적으로 기속행위의 성질을 갖는다.

2. 형성적 행위

상대방에게 일정한 권리·능력 또는 포괄적 법률관계 기타의 법률상의 힘을 설정·변경·소멸시키는 행정행위이다.

(1) 특허(설권행위)

  ① 의의

    – 특정인에 대하여 새로이 일정한 권리·능력 또는 포괄적 법률관계를 설정하는 행위이다.

    – 권리설정행위(협의의 특허)·능력(권리능력·행위능력)설정행위·포괄적 법률관계 설정행위이다.

    – 공권설정(공기업특허·공용부담권의 설정), 사권설정(광업허가·어업면허), 공법인의 설립행위, 귀화허가·공무원임명 등이 있다.

  ② 특허의 성질

    (가) 형성적 행위의 성질을 갖는다.

    (나) 출원을 요건으로 하는 행정행위(쌍방적 행정행위)로 보는 것이 일반적 견해이다.

    (다) 보통 재량행위

(2) 인가

  ① 의의

    – 행정객체가 제3자와의 사이에서 하는 법률적 행위를 행정주체가 보충하여 그 법률상 효력을 완성시켜 주는 행정행위이다.

- 공공조합의 설립인가, 재단법인의 정관변경허가, 사업양도의 인가, 사립대학 설립인가, 토지거래허가 등이 있다.
② 당사자의 신청이 있는 경우에만 이루어진다(쌍방적 행정행위). 수정인가는 허용되지 않는다.
③ 대상

인가의 대상은 그 성질상 반드시 법률행위이어야 하며, 사실행위는 제외된다. 법률행위에는 계약도 있고 합동행위도 있다.

공법상의 행위(공공조합의 설립이나 정관변경의 인가)이건 사법상의 행위(토지거래허가, 하천점유권의 양도의 인가)이건 가능하다.

④ 인가의 형식

인가는 언제나 구체적인 처분의 형식으로 이루어진다.

(3) 공법상 대리
① 의의
- 행정주체가 다른 법률관계의 당사자를 대신하여 본인이 한 것과 동일한 법적 효과를 발생케 하는 행정행위이다.
- 법률의 규정에 의거한 것이므로 법정대리에 해당한다.
② 대리행위의 유형
(가) 행정주체가 감독적 견지에서 행하는 경우(공공단체의 임원임명, 공법인의 정관작성)
(나) 일반행정행위의 실효성을 도모하기 위한 경우(조세체납처분절차에서 행하는 압류재산의 공매처분)
(다) 당사자 사이에 협의불성립의 경우에 조정적 견지에서 행하는 경우(토지수용위원회의 재결)

II. 준법률행위적 행정행위
- 행정주체의 의사표시 이외의 정신작용(관념의 표시, 판단의 표시)을 요소로 하고, 그 법적 효과는 행정청의 의사와 관계없이 법이 정한 바에 따라 발생하는 행정행위이다.

1. 확인

(1) 의의

- 특정한 사실 또는 법률관계의 존부 또는 정부(正否)에 관하여 의문이 있거나 다툼이 있는 경우 행정청이 공권적으로 판단하는 행위이다.
- 재결(행정심판의 재결)·결정(당선인결정·시험합격자결정)·조사·인정·특허(발명의 특허) 등이 있다.

(2) 성질

① 준사법적 행위이다,
② 성질상 기속행위이다.

2. 공증

(1) 의의

- <u>의문이나 다툼이 없는</u> 특정한 사실 또는 법률관계의 존재를 공적으로 증명하는 행위이다.
- 선거인명부·부동산등기부에 등록, 각종의 증명서·감찰·면장 등의 교부 등이 있다.
- **공증은 인식**의 표시행위라는 점에서, **판단**의 표시행위인 확인과 구별된다.

(2) 성질

① 준법률행위적 행정행위
② 기속행위·요식행위
   - 성질상 기속행위이다.
   - 그 성질상 일정한 형식이 요구되는 요식행위임이 원칙이다.

3. 통지

(1) 의의

- 특정인 또는 불특정 다수인에게 일정한 사실을 알리는 행정행위

이다.

- 준법률행위적 행정행위로서의 통지는 법적 효과를 가져오는 것
  만을 의미한다.
- 특정사실의 통지가 아무런 법적 효과를 발생하지 않은 사실행위
  로서의 통지행위(예: 당연퇴직의 통보)와는 구별된다. 또한 이미 성
  립된 행정행위의 효력발생요건인 통지와도 구별된다.

(2) 종류

① 통지에는 특정한 사실에 관한 '관념'을 알리는 행위이다(특허출원
  의 공고, 귀화고시, 토지수용에 있어서의 사업인정의 고시).

② 행위자의 '의사'를 알리는 행위이다(대집행의 계고, 대집행영장 통지,
  납세독촉).

(3) 성질

- 준법률행위적 행정행위로서의 통지도 행정심판법과 행정소송법상
  처분에 해당한다.

4. 수리

(1) 의의

- 타인의 행정청에 대한 행위를 유효한 것으로서 받아들이는 행위
  를 말한다.
- 자족적 공법행위로서의 신고의 경우는 여기서의 수리가 아니라
  단순한 사실행위에 지나지 않는다.

(2) 성질

- 수리는 그 자체가 하나의 독립적인 행정행위를 말하며, 단순한
  사실인 도달이나 사실행위인 접수와는 다르다.

(3) 종류

혼인신고의 수리, 사직서의 수리, 공직선거에 있어서의 입후보자등
록의 수리, 행정심판청구서의 수리가 있다.

제4절 **행정행위의 부관**

I. 부관의 의의

1. 개념

2. 부관과 구별해야 할 개념

(1) 법정부관

① 의의

- 행정행위의 효과의 제한이 직접 법규에 의하여 정해지게 되는 것이다.
- 예: 자동차관리법시행규칙상의 자동차검사증의 유효기간, 광업법상의 광업권의 존속기간

② 성질

(가) 행정행위의 부관은 행정청에 의해 부가되는 것을 말하므로 법정부관은 여기서 말하는 부관이 아니라 법규 그 자체이다.

(나) 법정부관은 부관의 한계에 관한 일반적인 원칙이 적용되지 않는다.

(다) 오히려 법규명령의 근거와 한계 법리가 그대로 적용된다.

(라) 법정부관 그 자체에 하자가 있는 경우 위헌법률심사 또는 명령규칙심사에 의해 통제된다.

(2) 행정행위 자체의 내용상 제한

행정행위의 부관은 주된 행정행위에 대한 부가적인 규율이므로 행정행위 일부의 내용 그 자체를 재차 규정하는 행정행위의 내용상 제한은 부관이 아니다(2종 운전면허는 2종만 운전하라는 허가로서 내용상의 제한에 해당한다).

II. 행정행위의 부관의 종류

1. 조건

(1) 의의

행정행위의 효과의 발생 또는 소멸을 <u>불확실한 장래의 사실</u>에 의존시키는 행정행위의 부관을 말한다.

(2) 조건의 분류

① **정**지조건

조건의 성취에 의존하여 행정행위의 효과가 **발**생하게 되는 경우이다.

② **해**제조건

조건의 성취에 의존하여 행정행위의 효과가 <u>소</u>멸되게 하는 경우이다.

2. 기한

(1) 의의

행정행위의 효력의 발생 또는 소멸을 장래 도래가 <u>확실한 사실</u>의 발생에 의존케 하는 행정행위의 부관이다.

(2) 기한의 분류

① 시기(몇년 몇월 몇일부터 도로점용허가)·종기(몇년 몇월 몇일까지 영업허가)

② 확정기한(80세까지 지급한다)·<u>불확정기한</u>(사망시까지 연금을 지급한다)

③ 불확정기한도 조건이 아닌 기한에 해당한다.

(3) 기한의 갱신

(가) 그 내용상 장기계속성이 예정되는 행정행위에 부당하게 짧은 기한(종기)이 붙여진 경우 그것은 행정행위의 효력의 존속기간이 아니라, 행정행위의 내용의 갱신기간 즉 조건의 존속기간

(기한이 붙었으면 3년마다 그동안의 사회변천에 맞추어 내용을 바꾸는)으로 보아야 하는 경우도 적지 않다(대판 1995. 11. 10, 94누11866).

3. 부담

(1) 의의

행정행위의 주된 내용에 부가하여 그 행정행위의 상대방에게 작위·부작위·수인·급부 등의 의무를 과하는 행정행위의 부관이다.

(2) 조건과의 구별

① 구별실익

- 부담부 행정행위는 처음부터 효력이 발생한다.

정지조건은 조건성취로 인하여 비로소 효력이 발생한다는 점이 다르다.

- 부담부 행정행위는 부담을 이행하지 않았더라도 당연히 효력이 소멸되는 것이 아니고 철회하여야 비로소 효력이 소멸한다.

해제조건은 조건성취로 인하여 당연히 소멸한다는 점이 다르다.

- 부담은 독립하여 강제집행의 대상이 된다.

조건은 의무를 부과하지 않기 때문에 강제집행의 대상이 되지 않는다는 점이 다르다.

- 부담은 부담만의 독립쟁송 및 취소가 가능하다.

정지조건은 독립하여 취소소송의 대상이 되지 못하며 부관부 행정행위 자체가 취소소송의 대상이 된다는 점이 다르다.

② 양자의 구별기준

(가) 제1차적 기준

각 부관에 표현된 행정청의 객관화된 법효과 의사가 양자를 구별하는 제1차적 기준이다.

(나) 제2차적 기준(한계상황의 경우)

조건인가 부담인가 명백하지 않을 때에는 부담이 상대방에게 유리하므로 <u>부담으로 추정한다.</u>

(3) 부담의 특성

① 부담은 다른 부관과 달리 그 자체가 하나의 독립된 행정행위

② 부담은 그의 존속이 본체인 행정행위에 의존하는 것이기 때문에, 본체인 행정행위가 효력을 발생할 수 없을 때에는 그 부담은 당연히 효력을 상실한다(부담의 부종성).

③ 부담은 그 자체로서 행정쟁송 및 행정강제의 대상이 된다.

④ 사후부담이나 부담의 사후변경도 일정한 경우 가능하다(판례).

(4) 부담의 불이행

① 부담은 다른 부관과는 달리 주된 행정행위의 효력발생이나 소멸과 관련되는 것이 아니기 때문에 부담이 부가되어도 주된 행정행위의 효력은 처음부터 유효하게 발생하고, 부담의 불이행이 있다 하여도 당연히 주된 행정행위의 효력이 소멸되는 것이 아니다.

② 행정청은 그 불이행을 이유로 본체인 행정행위를 철회할 수 있고(다수설·판례),

③ 그 불이행을 이유로 그 후의 단계적 조치를 거부하는 것도 가능하다(건축허가시 붙인 부담의 불이행을 이유로 그 후의 준공검사를 하지 않은 경우).

④ 행정강제·행정벌의 대상으로 할 수도 있다.

4. 철회권의 유보

(1) 의의

(2) 철회권 행사의 제한

① 철회사유는 구체적이어야 하며, 그것이 유보되어 있어도 행정청은 자유로이 철회할 수 있는 것은 아니고 일정한 조리상의 제한을 받는다(다수설 판례)

② 철회권의 유보는 상대방에게 사후에 철회의 가능성이 있음을 알려 보호가치 있는 신뢰가 부정되게 함으로써 신뢰보호를 주장할 수 없게 된다는 점에 그 의의가 있다.

③ 판례는 철회사유가 법령에 명시되어 있는 경우에도 그 이외의 사유를 들어서도 철회권을 행사할 수 있다고 보았다.

<판례>

취소권의 유보의 경우에 있어서도 무조건으로 취소권을 행사할 수 있는 것이 아니고 취소를 필요로 할 만한 공익상의 필요가 있는 때에 한하여 취소권을 행사할 수 있는 것이다(대판 1968. 2. 22, 60누42).

5. 부담유보(사정변경의 유보, 부담의 추가·변경, 보충권의 유보)

- 행정행위를 하면서 사후적으로 부담을 설정·변경·보완할 수 있는 권리를 유보한 경우의 부관이다.
- 사후변경이 있더라도 상대방은 원칙적으로 신뢰보호를 주장할 수 없고 손실보상을 청구할 수도 없다.

6. 수정부담

(1) 의의
- 행정행위에 부가하여 새로운 의무를 부과하는 것이 아니라, 행정행위의 상대방이 신청한 것과는 다르게 행정행위의 내용을 정하는 부관이다.
- 3층 주택 건축허가신청에 대해 2층 주택의 허가를 하는 경우

(2) 내용
수정부담은 신청이 거부되고 신청과는 다른 내용의 행정행위를 한 것이므로, 변경허가(수정허가)라고 해야 정확한 표현으로 본다.

7. 법률효과의 일부배제

(1) 의의

- 행정행위의 주된 내용에 부가하여 법령에서 일반적으로 그 행위에 부여하고 있는 법률효과의 일부의 발생을 배제시키는 행정행위의 부관이다.
- 예컨대, 택시영업허가를 하면서 격일제 운행을 부관으로 정하는 것

(2) 법적 근거

법령이 부여한 효과를 배제하는 것이므로 <u>반드시 법령에 근거가 있을 때만 가능하다.</u>

(3) 법적 성질

행정행위의 효과의 내용적 제한으로 보아야 한다는 견해도 있으나, 전통적인 견해는 법률효과의 일부배제를 부관의 하나로 본다.

제5절 행정행위의 흠(하자)

I. 행정행위의 하자

1. 하자의 의의

- 행정행위가 법정요건인 성립요건·효력요건을 결여하거나(위법행위), 공익에 반하는 경우(부당행위)를 들 수 있다.

(1) 행정행위의 하자의 유형

① 위법과 부당

(가) 위법

위법한 행정행위에 대해서는 행정쟁송, 국가배상 등이 가능하다.

(나) 부당

부당한 행정행위에 대해서는 행정소송은 불가하고, 행정심판 또는 직권취소가 가능할 뿐이다.

② 부존재, 무효, 취소가 있다.

(2) 하자유무판단의 기준시

행정행위가 적법한 것인가 또는 위법한 것인가의 여부는 원칙적으로 행정결정이 최종적으로 이루어지는 시점(처분시)의 법적 상황과 사실상태에 따라 판단한다.

2. 무효와 부존재의 구별

- 행정행위의 무효는 행정행위가 외관상으로는 존재하나 그 법률효과가 발생하지 아니하는 것인데 대하여, 행정행위의 부존재는 행정행위라고 볼 수 있는 외관상의 존재 그 자체가 성립하지 못한 경우를 말한다.
- 구별실익에 대해서는 견해가 대립한다.

II. 하자 있는 행정행위의 치유와 전환

1. 흠 있는 행정행위의 치유

(1) 의의

행정행위가 성립 당시에 적법요건을 결하여 위법한 경우라 하더라도 사후에 그 요건이 보완되거나 그 흠이 취소하여야 할 필요가 없을 정도로 경미해진 경우 성립 당시의 하자에 불구하고 하자 없는 적법한 행위로 그 효력을 유지시켜 종전의 하자를 이유로 행정행위의 효력을 다툴 수 없게 되는 것이다.

(2) 인정범위

① 통설·판례는 흠 있는 행정행위의 치유는 '취소할 수 있는 행정행위'에 대해서만 인정한다(대판 1996. 4. 12, 95누18857). 무효인 행정행위는 다른 행정행위로의 전환만 가능하고 치유는 인정될 수 없다(통설, 판례).

② 행정행위의 형식상·절차상의 하자가 있는 경우에 주로 인정될 수 있고, 판례는 내용상의 하자의 경우에는 하자가 치유될 수 없

다는 입장이다.

(3) 흠의 치유의 사유

필요한 신청서의 사후제출 또는 보완, 무권대리행위의 추인, 불특정 목적물의 사후특정, 요식행위의 형식보완, 필요한 청문이나 이유부기의 사후보완 등이 있다.

(4) 치유의 효과

치유의 효과는 처음부터 적법한 행위와 같은 효력(소급효)를 가진다.

2. 흠 있는 행정행위의 전환

(1) 의의

① 행정행위가 원래 행정청이 의도한 행정행위로서는 무효인 행정행위이지만, 그것을 다른 행정행위로 간주한다면 유효한 요건을 갖추게 되는 경우에 그 유효한 **다른 행위로서의 효력을 승인**하는 것을 말한다.

– 사자(死者)에 대한 광업허가·재산세부과를 그 상속인에 대한 것으로 해석하는 경우 등

② 치유가 흠 있는 행정행위가 흠 없는 본래의 행위로서의 효력을 발생하는 반면, 전환은 본래의 행정행위가 아니고 다른 행위로서 유효하게 성립한다는 점에서 차이가 있다.

(2) 적용영역

전통적 견해와 판례는 하자 있는 행정행위의 전환을 무효인 행위에만 인정한다.

행정행위의 취소 및 철회

I. 행정행위의 무효

II. 행정행위의 취소

1. 의의

(1) 개념

- 유효하게 성립한 행정행위에 흠이 있음을 이유로 권한 있는 행정기관이 그 효력을 소급하여 상실시키기 위하여 직권으로 하는 독립적 행정행위를 말한다.
- 직권취소 이외에 행정쟁송절차를 거쳐 이루어지는 쟁송취소를 포함한다.

(2) 타 개념과의 구별

- 취소는 일단 유효하게 성립된 행정행위를 대상으로 한다는 점에서 <u>처음부터 무효인 행정행위임을 공적으로 확인하고 선언하는 행위인 무효선언</u>과 구별된다.
- 행정행위의 철회란 행정행위가 아무런 흠 없이 적법·타당하게 성립되었으나, 그 후에 발생한 새로운 사정을 이유로 그 효력을 장래에 향하여 소멸시키는 것이라는 점에서 행정행위 성립당시의 흠을 이유로 하는 취소와 구별된다.

III. 행정행위의 철회

1. 철회의 의의

- 흠 없이 적법하게 성립된 행정행위의 효력을 그 성립 후에 발생된 새로운 사유를 이유로 장래에 향하여 그 효력의 전부 또는 일부를 소멸시키는 독립된 행정행위이다.

2. 철회권자

- 행정행위의 권한을 가진 <u>행정청만이 된다.</u>
- 감독청은 법률에 특별한 규정이 있는 경우를 제외하고는 행정행위에 관한 철회권을 가지지 못한다.

3. 철회권의 법적 근거

법령의 근거가 있거나 철회권이 유보된 경우, 상대방의 동의가 있는 경우에 가능하다는 견해가 있으나, 법적 근거가 필요하지 않다고 보는 소극설(법적 근거 불요설)이 다수설·판례이다.

4. 철회사유

(1) 침익적인 행위의 철회
- 침익적인 행위에서는 원칙적으로 철회가 가능하다.
- 한편, 사인은 적법한 침익적인 행위에 대한 철회청구권을 갖지 아니하므로 신청권이 없어 거부를 다툴 수 없는 것이 다수설·판례의 입장이다.

(2) 수익적 행위의 철회
① 철회권이 유보된 경우
② 사정변경
③ 부담의 불이행
④ 중요한 공익상의 필요가 요구된 경우
⑤ 법령에 규정된 철회사유가 발생한 경우

VI. 행정행위의 실효

1. 실효의 의의

- 적법한 행정행위의 효력이 행정청의 의사와 관계없이 일정한 사실에 의해 장래를 향하여 당연히 소멸되는 것이다.

- 구별개념

  일단 발생된 효력이 소멸된다는 점에서 행정행위의 무효와 구별되고, 효력의 소멸이 행정청의 의사와 무관하다는 점에서 행정행위의 취소·철회와 구분된다.

2. 실효의 사유

(1) 대상의 소멸

- 의사의 사망, 자동차검사합격에 대한 자동차의 폐차, 자진폐업에 따른 영업허가의 효력 소멸 등이 있다.

(2) 부관의 성취

해제조건부행위에 있어서 조건의 성취, 종기부행정행위에 있어서 종기의 도래는 행정행위의 효력의 소멸을 가져온다.

(3) 목적의 달성

작위하명의 경우, 작위의무를 이행하는 경우와 같이 행정행위는 목적달성(내용실현)이 이루어짐으로써 효력이 소멸한다(자진철거).

(4) 새로운 법규의 제정·개정

특정한 행정행위와 상충되는 내용을 가진 법령이 제정·개정되면서 그 특정한 행위의 효력을 부인하는 규정을 둔다면, 동 법령의 효력 발생과 더불어 기존의 특정한 행정행위는 효력이 소멸된다.

3. 실효의 효과

별도의 의사표시 없이 그 때부터 장래에 향하여 효력이 소멸한다.

제7절 행정계획

I. 행정계획의 의의

- 행정주체가 행정목표를 설정하고 행정목표달성을 위해 행정수단을 종합
·조정함으로써 장래 일정한 시점에서 일정한 목표를 실현하는 것을 내
용으로 하는 행정의 행위형식이다.

II. 행정계획의 종류

- 구속적 계획은 관계행정청에 대한 구속적 계획(정부의 예산운용계획은 중앙
행정기관의 예산요구서작성지침), 국민에 대한 구속적 계획(국토의계획및이용
에관한법률에 의한 도시관리계획·도시개발법에 의한 도시개발계획 등이 수립되
면 국민에게 각종 제한이 뒤따르게 된다)으로 나뉘어진다.
- 비구속적 계획에는 홍보적 계획·행정지도적 계획 등이 있다.

제8절 행정지도

I. 행정지도의 의의

1. 개념

① 행정절차법 행정지도를 '행정기관이 그 소관사무의 범위 안에서 일정
한 행정목적을 실현하기 위하여 특정인에게 일정한 행위를 하거나
하지 아니하도록 지도·권고·조언 등을 하는 행정작용'이라고 정의한
다(제2조 제3호).
② 다른 행정작용이 독일 프랑스에서 연유한 것과 달리 일본에서 생성된
행정의 행위형식이다(독일은 비공식적 행정작용의 일종으로 논의).

2. 성질

상대방에 대한 구속력·강제력이 없는 비권력적 작용(비권력행위)이며, 그
자체로서 아무런 법적 효과도 발생하지 않는 사실행위이다.

II. 행정지도의 존재이유와 문제점

1. 존재이유

① 행정기능의 확대

② 임의적 수단에 의한 편의성

③ 정보 등의 제공

④ 이해의 조정·통합

2. 문제점

① <u>법치주의의 공동화</u>

② 사실상의 강제성

③ 한계의 불명확성

④ <u>행정구제수단의 불완전</u>

III. 행정지도의 법적 근거와 한계

1. 행정지도의 법적 근거

조직법적 근거는 필요하나, 반드시 법적 근거를 요하는 것은 아니다.

2. 행정지도의 원칙과 한계

① 행정지도의 원칙

(가) 비례성의 원칙

행정지도는 그 목적 달성에 필요한 최소한도에 그쳐야 한다 (행정절차법 제48조 제1항).

(나) 임의성의 원칙

지도받는 자의 의사에 반하여 부당하게 강요하여서는 아니된다 (행정절차법 제48조 제1항).

(다) 불이익조치금지원칙

행정기관은 상대방이 행정지도에 따르지 아니하였다는 것을 이유로 불이익한 조치를 하여서는 아니된다(행정절차법 제48조 제2항).

(라) 기타

평등원칙, 신뢰보호원칙 등을 준수하여야 한다.

② 행정지도의 한계

법률우위 원칙은 적용된다.

제3편 행정법상의 실효성확보수단

제1장 | 개설

I. 행정상 실효성확보의 의의

- 의무이행을 강제하기 위해서는 의무이행이 법적 근거에 의하여 부과된 경우 그 법에 근거하여 의무이행을 강제할 수 있는 것은 아니고, 별도의 법적 근거가 있어야 한다.

※ 행정법상 실효성확보수단의 개관

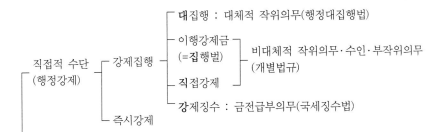

직접적 수단 (행정강제)
- 강제집행
  - 대집행 : 대체적 작위의무(행정대집행법)
  - 이행강제금 (=집행벌)
  - 직접강제
  - 비대체적 작위의무·수인·부작위의무 (개별법규)
  - 강제징수 : 금전급부의무(국세징수법)
- 즉시강제

간접적 수단 (행정벌/ 행정상제재)
- 행정형벌 : 형법상의 형벌
- 행정질서벌 : 질서위반행위규제법상 과태료

새로운 의무이행 확보수단 : 과징금(부과금), 위반사실의 공표, 공급거부, 관허사업의 제한, 수익적 행정행위의 철회 및 정지, 국외여행의 제한 등

행정조사(종래에는 즉시강제의 일종으로 논의되었음)

*집행벌(이행강제금)은 행정벌, 새로운 수단과 같이 간접적 강제수단의 일종으로 분류될 수 있음에 주의.

제2장

행정상 강제집행

I. 의의

1. 개념

2. 타 개념과의 구별

- 행정상의 강제집행은 의무의 존재와 그 의무의 불이행을 전제 / 이를 전제로 하지 않고 즉시에 실력을 행사하는 행정상의 즉시강제와 다르다.
- 행정벌은 과거의 의무위반에 대한 제재를 직접 목적 / 행정상의 강제집행은 장래에 의무를 이행시키기 위한 강제수단이다.
- 민사상의 강제집행이 행하여지기 위해서는 사법권의 개입이 요구되는 데 대하여 / 행정상의 강제집행은 법원 등의 개입을 거치지 않고 행정권의 자력집행이라는 점에서 구별된다.

III. 행정상 강제집행의 수단

1. 대집행

(1) 의의 및 특색

① 의의

대집행이라 함은 행정법상의 대체적 작위의무불이행의 경우에 당해 행정청이 의무자가 할 일을 스스로 행하거나 또는 제3자로 하여금 이를 행하게 하고 그에 관한 비용을 의무자로부터 징수하는 행정상의 강제집행이다(행정대집행법 제2조).

② 특색

우리나라는 제3자가 대행하는 경우(타자집행)뿐만 아니라 <u>행정청 자신이 행하는 경우(자기집행)까지도 대집행에 포함</u>시키는 점에 특색이다.

③ 법적 근거

각 단행법에 특별한 규정이 없는 경우에는 행정대집행법이 일반법으로 적용된다.

2. 이행강제금(집행벌)

(1) 의의

① 행정법상의 부작위의무 또는 비대체적 작위의무를 이행치 아니하는 경우에 그 의무자에게 심리적 압박을 가하여 의무의 이행을 간접적으로 강제하기 위하여 과하는 금전적 부담 또는 강제금이다.

② 헌법재판소는 <u>이행강제금이 대체적 작위의무에 대해서도 부과될 수 있다</u>고 본다.

건축법상의 이행강제금도 대체적 작위의무(위법건축물의 철거의무)에 대하여 규정하고 있다(동법 제83조).

(2) 특징

① 집행벌은 장래에 그 의무를 이행하게 하려는 간접적인 강제집행수단의 하나인 점에서 과거의 의무위반에 대한 제재로서의 벌인 행정벌과 구별된다.

② 이행강제금은 의무자가 이를 이행하지 않는 한 <u>반복해서 부과될 수 있다.</u>

③ 양자는 목적과 성질이 다르므로 (행정)<u>형벌 또는 과태료와의 병과가 허용된다.</u>

3. 직접강제

(1) 의의

의무자가 의무를 이행하지 아니하는 경우에 직접적으로 의무자의 신체 또는 재산에 실력을 가함으로써 의무의 이행이 있었던 것과 같은 상태를 실현하는 행정상의 강제집행이다.

(2) 근거

현행법하에서는 일반법은 없고, 개별법에서 강제수용, 출입국관리법 제50조상의 강제퇴거, 식품위생법 제62조상의 영업소의 폐쇄조치, 전염병예방법상의 예방접종의 강제실시, 시위군중의 강제해산 등을 규정하고 있다.

(3) 한계

현행의 강제집행수단 중에서도 가장 강력한 수단이므로 국민의 기본권을 침해할 가능성이 매우 높다.

4. 행정상 강제징수

(1) 의의

행정법상의 금전급부의무가 이행되지 아니한 경우의 행정상의 강제집행이다.

(2) 근거

일반법적 지위를 가진 법률로 국세징수법이 있다.

(3) 절차

① 독촉

(가) 통지행위인 준법률행위적 행정행위이며, 독촉은 문서로 하여야 하며, 시효중단의 효과가 생긴다(국세기본법 제28조 제1항).

(나) 판례는 독촉없이 행한 압류의 효력을 취소사유로 본 경우도 있다(대판 1987. 9. 22, 87누383).

② 체납처분

체납처분은 압류 → 매각 → 청산을 거치는 일련의 강제절차를 말한다.

제3장 ᅲ 행정상 즉시강제

I. 의의

1. 개념

목전의 급박한 행정상 장해를 제거해야 할 필요가 있는 경우에 미리
의무를 명할 시간적 여유가 없거나 또는 그 성질상 의무를 명해서만은
그 목적을 달성하기 곤란한 때에 직접 국민의 신체 또는 재산에 실력을
가하여 행정상 필요한 상태를 실현하는 작용이다.

2. 법적 성질(합성행위)

권력적 성질을 가지는 사실행위로서 상대방에 수인의무도 발생시키는
행위 – 행정쟁송의 대상이 되는 처분이다.

3. 다른 개념과의 구별

(1) 행정상 강제집행과의 구별

행정상의 강제집행은 선행적인 의무의 존재와 그 불이행을 전제로
하는 데 반하여, 행정상의 즉시강제는 불이행을 전제로 하지 않는다
는 점에서 구별된다.

(2) 행정조사와의 구별

행정조사는 그 자체가 목적이 아니라 행정작용을 위한 예비적·보조
적 수단으로서의 성질을 갖는다.

제4장 ᅲ 행정벌

I. 행정벌의 의의

1. 행정벌의 개념

행정법상의 과거 의무위반에 대한 제재로서 일반통치권에 의거하여 과

하는 처벌을 말하며, 이를 형사벌과 구별하여 행정벌이라 한다.

2. 행정벌의 성질

    (1) 징계벌과의 구별

        – 행정벌과 징계벌 간에는 병과가 가능하다. 즉, 일사부재리의 원칙이 적용되지 않는다.

    (2) 강제집행(집행벌)과의 구별

        – 집행벌은 의무불이행이 있는 경우에 장래의 이행을 강제하기 위한 강제집행의 일종이라는 점에서 구별된다.

        – 행정형벌과 집행벌 간에는 병과가 가능하며, 행정형벌은 법원에서 부과하나 집행벌은 의무를 부과한 행정청에서 행한다.

    (3) 형사벌과의 구별

제4편 행정구제법

제1장 ┐ 총설

제1절 행정구제의 의의

<u>사전적 권리구제제도</u> – 행정절차·옴부즈만제도 및 청원이 있다.

<u>사후적 권리구제제도</u> – 행정상 손해전보와 행정쟁송이 있다.

제2장 ┐ 행정상 손해배상

제1절 개설

I. 행정상 손해전보의 의의

1. 의의

2. 행정상 손해배상과 손실보상의 비교

비교	손해배상	손실보상
개념	위법한 행정작용 – 손해전보	적법한 공권력, 특별한 희생 – 손해전보
기본이념	개인의 손해에 대한 보상적 정의 실현 (개인주의적 도의적책임)	개인이 특별히 부담하는 손실에 대한 배분적 정의 실현(단체주의적 공평부담)
발생원인	**위법한** 행정작용	**적법한** 행위 + 특별한 희생
성립요건	•공무원의 직무상 불법행위(위법성+고의·과실+손해(재산적/비재산적)의 발생) •영조물의 설치·관리의 하자(무과실책임)	공공필요+특별한 희생+재산상 손해발생
헌법적 근거	헌법 제29조	헌법 제23조 제3항
적용법규	국가배상법	관련법규상의 보상규정
양도·압류	생명·신체의 침해를 원인으로 하는 손해배상청구권은 양도·압류금지	공권이지만 양도·압류가능

제2절 공무원의 위법한 직무행위로 인한 손해배상

I. 배상책임의 요건

공무원의 위법한 직무집행행위로 인하여 개인에게 손해를 가한 경우에 국가나 지방자치단체가 그 손해를 배상하는 것을 말한다(국가배상법 제2조 제1항).

국가배상법 제2조 (배상책임)

① 국가나 지방자치단체는 ⓐ 공무원 또는 공무를 위탁받은 사인(이하 공무원이라 함)이 ⓑ 직무를 집행하면서 ⓒ 고의 또는 과실로 ⓓ 법령을 위반하여 ⓔ 타인에게 손해를 입히거나, 자동차손해배상보장법의 규정에 의하여 손해배상의 책임이 있는 때에는 이 법에 따라 그 손해를 배상하여야 한다. 다만, 군인·군무원·경찰공무원 또는 향토예비군대원이 전투·훈련 등 직무집행과 관련하여 전사·순직 또는 공상을 입은 경우에 본인 또는 그 유족이 다른 법령의 규정에 의하여 재해보상금·유족연금·상이연금 등의 보상을 지급받을 수 있을 때에는 이 법 및 민법의 규정에 의한 손해배상을 청구할 수 없다.

② 제1항 본문의 경우에 공무원에게 고의 또는 중대한 과실이 있으면 국가 또는 지방자치단체는 그 공무원에게 구상할 수 있다.

1. 공무원

(1) 국가배상법 제2조에 의한 공무원

① '국가공무원법·지방공무원법상의 공무원뿐만 아니라 널리 공무를 위탁받아 실질적으로 공무에 종사하는 모든 자'를 포함하는 넓은 의미의 공무원이다(기능적 공무원개념 ; 통설·판례).

② 일시적·한정적 사무를 담당하는 자도 공무원에 포함되며 보조기관. 사실상 공무원의 경우에도 포함된다.

③ 자연인뿐만 아니라 기관 자체도 포함한다(지방의회, 선거관리위원회 등).

2. 직무를 집행하면서

(1) 직무행위의 범위

- 권력작용과 비권력작용(관리작용)만이 포함되고 단지 <u>사경제주</u><u>체로서 하는 활동은 제외</u>된다는 광의설이 다수설 판례이다.

(2) 직무행위의 내용

- 행정작용뿐만 아니라 입법작용·사법작용이 모두 포함한다.

3. 고의 또는 과실로 인한 행위

(1) 고의·과실의 의의(전통적 과실책임주의)

- 과실은 그 정도에 따라 경과실과 중과실로 나눌 수 있는데, 판례는 당해 직무를 담당하는 평균적 공무원이 통상 갖추어야 할 주의의무를 게을리 한 것으로 보는 추상적 경과실로 본다.

4. 법령에 위반한 행위

(1) 법령의 위반

① 의의

법령위반이란 위법성 일반을 의미하는데, 그것은 반드시 엄격한 의미의 법령위반만을 의미(협의)하는 것이 아니며, 인권존중·신의성실·권리남용금지·사회질서 등 여러 원칙의 위반도 포함되며 행위가 객관적으로 부당함을 의미(광의)한다는 것이 통설이다.

5. 타인에게 손해가 가하였을 것

(1) 타인

타인이란 가해자인 공무원 및 그의 직무행위에 가세한 자 이외의 모든 사람. 공무원도 피해자가 될 수 있다.

(2) 손해

손해란 피해자가 입은 모든 불이익을 가리키는바, 재산적 손해·정신적 손해, 적극적 손해·소극적 손해를 가리지 아니한다. 반사적 이익의 침해는 포함되지 않는다.

6. 직무상 불법행위와 손해와의 인과관계

상당인과관계가 있어야 한다.

제3절 영조물의 설치 · 관리의 하자로 인한 손해배상

I. 개설

1. 국가배상법의 규정

국가나 지방자치단체의 공공영조물의 설치 · 관리의 하자로 인하여 개인에게 손해를 가한 경우에 국가나 지방자치단체가 그 손해를 배상하는 것을 말한다(국가배상법 제5조).

2. 민법 제758조의 규정

국가배상법 제5조의 배상책임은 민법 제758조의 공작물책임과 같은 무과실책임으로 보고 있다. 다만, 그 대상에 있어 국가배상법은 민법의 공작물에한정되지 않으므로 범위를 확대하고 있고, 민법과 달리 국가배상법은 점유자의 면책사유를 인정하지 않고 있다.

II. 배상책임의 성립요건

1. 공공영조물

(1) 공공영조물이란 공공목적에 공용되는 유체물 및 자연력인 공물을 의미한다. 즉 강학상의 공물을 의미한다. 따라서 인공공물과 자연공물 및 동산 · 동물을 모두 포함한다.

(2) 예컨대, 지하케이블선의 맨홀, 철도건널목의 자동경보기, 공중변소, 도로, 하천, 경찰견 등은 강학상 공물이다.

2. 설치 · 관리의 하자

(1) 의의

영조물의 설치 · 관리의 하자란 영조물이 통상적으로 갖추어야 할 안전성을 결하고 있는 것을 의미한다.

3. 타인에게 손해가 발생할 것

- 손해는 재산적·정신적 손해, 적극적·소극적 손해를 모두 포함한다.

4. 영조물책임의 면책사유

(1) 불가항력

영조물이 통상의 안전성을 갖추고 있는 한, 천재지변과 같은 예측가능성·회피가능성이 없는 불가항력에 의한 손해의 경우는 면책된다고 볼 수 있다.

다만, 불가항력에 의한 것이라 하더라도 영조물의 하자가 경합하여 발생되거나 악화된 경우는 경합된 범위 내에서 국가배상책임이 인정된다.

제3장 ⌐ 행정상 손실보상

제1절 개설

- 행정상 손실보상이란 공공필요에 의한 <u>적법한</u> 공권력 행사로 인하여 개인에게 과하여진 <u>특별한 희생</u>에 대하여 사유재산권의 보장과 전체적인 <u>공평부담의 견지</u>에서 행정주체가 행하는 조절적인 재산적 전보를 말한다.

- 손실보상은 적법한 공권력 행사로 인하여 '직접적'으로 가해진 손실에 대한 보상이지만, '<u>간접손실</u>'도 적법한 공권력 행사가 원인이 되어 발생한 손실이므로 손실보상의 대상이 되는 것으로 보아야 한다. 판례도 같은 입장이다(대판 1999. 10. 8, 99다27231).

제2절 행정상 손실보상의 근거 및 청구권의 성질

I. 행정상 손실보상의 근거

1. 이론적 근거

행정상 손실보상의 근거에 대해 기득권설, 은혜설, 공용수용설, 특별희생설이 대립하고 있으나, <u>공평의 견지에서 보상해야 한다는 특별희생설이 오늘날의 일반적 견해이다.</u>

2. 실정법적 근거

(1) 헌법적 근거

– 행정상 손실보상의 실정법적 근거는 헌법 제23조 제3항이다.

[헌법 제23조]
① 모든 국민의 재산권은 보장된다. 그 내용과 한계는 법률로 정한다.
② 재산권의 행사는 공공복리에 적합하도록 하여야 한다.
③ 공공필요에 의한 재산권의 수용·사용 또는 제한 및 그에 대한 보상은 법률로써 하되, 정당한 보상을 지급하여야 한다.

제3절 행정상 손실보상의 요건

I. 공공의 필요에 의한 적법한 공권력의 행사일 것

1. 공공의 필요

<u>공공필요는 불확정개념으로서 오늘날 점차 확대되는 경향이다.</u>
공공필요 여부는 공권적 침해로서 얻게 되는 공익과 재산권보장이라는 사익간의 이익형량을 통해서 판단한다.

2. 적법한 공권력의 행사(법적합성의 원칙)

(1) 적법행위

(2) 공권력 행사
- 헌법 제23조 3항은 재산권에 대한 수용 사용 제한을 명시하고 있다.

II. 재산권에 의도적 침해일 것

1. 재산권의 의미

(1) 의의
① 소유권은 물론이고, 그 밖의 법에 의해 보호되는 모든 재산적 가치있는 권리이다.
사법상의 권리와 공법상의 권리(공유수면매립권 등)도 포함한다.
② 제외되는 것
- 지가상승의 기대와 같은 기대이익은 여기서의 보호대상에서 제외된다.
- 자연적·문화적인 학술적 가치는 원칙적으로 손실보상의 대상이 되지 않는다.

2. 재산권에 대한 의도적 침해
- 상대방의 재산상 손실은 공권력의 주체에 의해 직접적으로 의도된 것이어야 한다.
- 수용적 침해와 구별되는 중요한 기준이 된다.

III. 특별한 희생일 것

1. 개설
보상은 사회적 제약을 넘는 특별한 희생인 때에 한하여 인정된다.

IV. 보상규정이 있을 것

제4절 그 밖의 손해전보제도

I. 개설(행정상 손해전보제도의 흠결)

II. 수용유사침해이론

1. 개설

(1) 의의

공공필요에 의하여 재산권을 위법·무책하게 침해하여 특별한 희생을 가하였으나, 보상규정의 결여로 보상할 수 없게 된 공용침해(주로 공용제한)에 대해 수용행위와 유사한 공용침해로 보아 보상이 행하여져야 한다는 것이다.

(2) 유사개념과의 구별

〈행정상 손해전보제도의 비교〉

행정상 손해배상	위법·유책	재산적·비재산적 침해
행정상 손실보상(수용침해)	적법·무책	재산적 침해, 의도적 침해
수용유사적 침해	위법·무책	보상규정의 결여
수용적 침해보상	적법·무책	비의도적 침해
희생보상청구권	적법·무책	생명·신체 등의 비재산적 침해
결과제거청구권	위법·무책	원상회복

(3) 독일에서의 논의전개

① 독일에서는 초기에는 수용유사침해 근거를 기본법 제14조 제3항에서 찾았으나, 오늘날은 기본법 제14조 제3항에서 찾는 것이 아니라 관습법으로 발전되어온 희생보상제도에서 그 근거를 찾고 있다.

② 판례

  - 수용유사침해보상의 이론에 대한 판례의 입장은 명백하지 않다.

- 대법원은 수용유사침해법리를 명시적으로 받아들이고 있지 않다.

III. 수용적 침해이론

1. 의의

(1) 개념
적법한 행정작용의 이형적(비정형적)·비의욕적인 부수적 결과로서 타인의 재산권에 수용하는 경우이다.
- 예컨대, 도로공사로 인한 차량통행제한으로 인근상점 등이 입게 되는 판매고 격감과 같은 피해, 지하철공사의 장기화로 인한 영업손실 등이 있다.

2. 성립요건
공공필요, 재산권, 침해, 특별희생, 침해의 적법성과 그 결과로서의 손해의 발생을 들 수 있다.

3. 인정 여부
우리나라의 도입여부에 관해 견해가 대립된다. 한편 아직까지 이 이론을 명시적으로 도입한 판례는 없다.

IV. 희생보상청구권

1. 개설

(1) 의의
행정청의 적법한 공권력 행사에 의하여 개인의 비재산적 법익(생명·신체·자유·명예 등)에 가해진 손실에 대한 보상청구권이다(예방접종사고의 경우 등).

(2) 법적 근거
일반적인 제도로서 희생보상청구권을 모른다. 현행 행정법규 중 비재산적 법익침해에 대하여 보상규정을 둔 경우로는 산림법(제102조의3), 소방법(제89조)이 있다.

2. 성립요건

공공필요에 의한 적법한 공권력 행사, 특별한 희생 외에 생명 신체 등의 <u>비재산적 법익에 대한 침해를 그 요건을 들 수 있다.</u>

3. 인정여부

우리나라에서의 채택여부에 대해 견해가 대립된다.

4. 희생유사침해

침해가 <u>위법한 경우</u>에는 희생유사침해로 인한 손실보상이 문제되는 바 그 법적 근거·요건 및 보상의 내용 등은 침해의 위법성만 제외하면 희생의 보상과 같다.

제5절 행정상 결과제거청구권

I. 개설

1. 행정상 결과제거청구권의 의의

위법한 행정작용의 결과로서 남아있는 상태로 인하여 자기의 법률상의 이익을 침해받고 있는 자가 행정주체를 상대로 하여 그 위법한 상태를 제거해 줄 것을 청구하는 권리. 원상회복청구권을 의미한다.

2. 구별개념

① 결과제거청구권은 위법한 결과의 제거를 통한 원상회복을 목적으로 하지만, 손해배상은 금전에 의한 배상을 목적으로 한다.
② 손해배상은 가해행위의 위법과 가해자의 고의 또는 과실을 요건으로 하지만, 결과제거청구는 가해행위의 위법 여부 및 가해자의 과실을 요건으로 하지 않는다.
③ 대상에 있어서 손해배상은 가해행위와 상당인과관계 있는 손해이지만,

결과제거청구는 공행정작용의 <u>직접적인 결과만</u>을 대상으로 한다.

3. 성질

- 명예훼손의 경우 명예회복을 청구하는 것과 같이 물권적 청구권에 한정할 것은 아니라는 것이 다수설적 견해이다.

4. 법적 근거

실체법적 근거는 행정의 법적합성 및 헌법 제29조 제1항의 정신에서, 구체적인 직접 근거는 민법 제213·214조가 있으며, 절차법적 근거로는 행정소송법 제3조 제2호(당사자소송) 및 제10조와 민사소송법의 관계규정을 든다.

II. 결과제거청구권의 요건

1. 행정주체의 공행정작용으로 인한 침해

2. 타인의 권리(법률상 이익)의 침해

(1) 보호받을 만한 가치 있는 타인의 권리 또는 법률상 이익을 침해하여야 한다.

(2) 재산상의 것 이외에 <u>명예·신용 등 정신적인 것도 포함</u>(공직자의 공석에서의 발언으로 자신의 명예를 훼손당한 자는 명예훼손발언의 철회를 요구할 수 있다).

3. 위법한 상태의 존재

(1) 위법한 상태의 존재 여부는 사실심의 변론종결시를 기준으로 하여 판단되어야 하며, 처음부터 발생할 수도 있고, 사후에 발생할 수도 있다(기간의 경과 또는 공행정작용의 취소·철회 등의 경우).

(2) 취소할 수 있는 행정행위는 권한 있는 기관에 의하여 취소되기 전까지는 당해 행정행위는 유효한 것이므로 결과제거청구권은 성립되지 않는다.

4. 위법한 상태의 계속

(1) 행정주체의 공행정작용에 의하여 야기된 결과적 상태가 위법한 상태로 계속하여 존재하고 있어야 한다.

(2) 위법한 상태가 사후에 합법화된 경우(도로에 불법편입된 토지가 사후에 수용된 경우)에는 위법한 상태는 더 이상 존재하지 않으므로 결과제거청구권은 당연히 인정되지 않는다.

5. 가능성 등

결과제거청구에 의해 원상회복이 사실상 <u>가능하고</u>, 법적으로 허용된 것이어야 하며, 의무자인 행위주체에게 <u>기대가능한 것이어야</u> 한다.

III. 결과제거의 의무주체

결과제거청구권은 그러한 결과를 야기시킨 <u>행정주체에 대하여 행사된다.</u>

제4장 행정쟁송

제1절 개설

- 행정소송은 법원에 의하여 심리·판결되는 행정쟁송이고, 행정심판은 행정기관에 의하여 심리·재결되는 행정작용이다.

제2절 행정소송

제1관 개설

제1항 행정소송제도의 발전

1. 우리나라는 영·미식 사법제도 국가주의를 취하여 행정사건도 일반 사법법원에서 관할·심판하도록 하고 있다(헌법 제107조 제2항).
2. 다만, 행정사건의 특수성을 고려하여 대륙법계적인 요소들을 가미
3. 행정소송법 개정으로 인해 1998년 3월 1일부터는 행정심판전치주의는 임의절차화되고, 행정소송의 심급도 지방법원급의 행정법원을 제1심으로 하는 3심제로 되었다.

제2관 행정소송의 유형

제1항 주관적 소송·객관적 소송

1. 주관적 소송(항고소송, 당사자소송).
2. 객관적 소송(민중소송, 기관소송).

제2항 형성의 소·이행의 소·확인의 소

1. 형성의 소(취소소송)
3. 이행의 소(무명항고소송)
4. 확인의 소(무효등 확인소송, 부작위위법확인소송, 확인을 구하는 당사자소송)

제3항 항고소송·당사자소송·민중소송·기관소송

1. 항고소송

   언제나 복심적 소송이다(행정심판, 항고소송 등).

2. 당사자소송

   시심적 소송이다(손실보상청구소송, 봉급청구소송, 연금청구소송, 토지수용
   재결신청 등).

   – 실질적으로는 항고소송의 성질을 가지나 형식적으로는 당사자쟁
     송의 형태를 취하는 것을 형식적 당사자소송이라고 한다(토지수용
     재결로 결정된 보상액의 증감청구소송).

3. 민중소송

   선거소청, 선거소송, 당선소송을 들 수 있다.

4. 기관소송

제3관 항고소송

제1항 취소소송

I. 개설

   1. 의의

      행정청의 <u>위법한 처분·재결을 취소·변경하는 소송을</u> 말한다.

   2. 취소소송의 성질

      (1) <u>주관적 소송이다.</u>
      (2) 형성소송으로 보는 것이 다수설/ 판례이다.

   3. 소송물

      – <u>행정행위의 위법성 그 자체로 보는 견해</u>가 우리의 일반적 견
        해이며 판례의 입장이다.

제2항 무효 등 확인소송

I. 서설

1. 의의

① 행정청의 처분·재결의 효력 유무 또는 존재 여부를 확인하는 소송을 말한다(행정소송법 제4조 제2호).

② 무효확인소송·유효확인소송·실효확인소송·존재확인소송·부존재 확인소송

2. 성질

항고소송설·준항고소송설·당사자소송설로 나뉘어 있으나, 행정소송법은 항고소송으로 규정하고 있다.

3. 적용법규

취소소송에 관한 행정소송법상의 규정이 거의 대부분 준용., 예외적 행정심판전치주의(제18조), 제소기간(제20조), 재량처분의 취소(제27조), 사정판결(제28조)에 관한 규정은 무효등 확인소송에 준용되지 않는다.

제3항 부작위 위법 확인소송

I. 개설

1. 의의

부작위위법확인소송이란 행정청의 부작위가 위법하다는 것을 확인하는 소송을 말한다(행정소송법 제4조 제3호).

2. 성질

확인소송으로서의 성질을 가지며, 항고소송의 범주에 속한다.

3. 적용법규

취소소송에 관한 행정소송법상의 규정이 거의 대부분 준용되고 있으나, 처분변경으로 인한 소의 변경(제22조), **집행정지(제23조), 사정판결(제28조),** 피고의 소송비용부담(제32조)에 관한 규정은 준용

되지 않는다.

제4관 당사자소송

I. 개설

1. 의의

당사자소송이란 행정청의 처분 등을 원인으로 하는 법률관계에 관한 소송, 그 밖에 공법상의 법률관계에 관한 소송으로서 그 법률관계의 한 쪽 당사자를 피고로 하는 소송이다(행정소송법 제3조 제2호).

2. 성질

당사자소송은 개인의 권익구제를 직접적인 목적으로 하는 주관적 소송이다. 또한 당사자소송은 시심적 쟁송의 성질을 가지며, 소송 절차면에서 민사소송과 그 본질을 같이 한다(행정소송법 제8조 제2항).

3. 다른 소송유형과의 구별

(1) 항고소송

소송의 대상에서 항고소송은 처분 등이 되고, 피고도 처분청으로 하나, 당사자소송은 처분 등을 원인으로 하는 법률관계 및 공법상의 법률관계가 되고, 피고도 행정주체가 된다는 점에서 차이가 있다.

(2) 민사소송

민사소송의 소송물은 사법상의 권리이나, 당사자소송의 소송물은 공법상의 권리(공무원의 지위확인소송, 공무원의 봉급지급청구소송)라는 점에서 차이가 있다.

제5관 객관적 소송

제1항 서설

객관적 소송이란 행정의 적법성 보장 또는 공공이익의 일반적 보호를 목적으로 하는 소송을 말하며, 직접적인 이해관계가 없는 일반국민·선거인 또는 행정기관도 제기할 수 있다.

제2항 민중소송

1. 의의
민중소송이란 국가 또는 공공단체의 기관이 법률에 위반되는 행위를 한 때에 직접 자기의 법률상의 이익과 관계없이 그 시정을 구하기 위하여 제기하는 소송을 말한다(행정소송법 제3조 제3호).

2. 성질
(1) 객관적 소송
(2) 법정주의
민중소송은 행정법규의 적정한 집행이 요구되는 분야에서 법률이 민중소송의 제기를 허용하고 있는 경우에 법률이 정한 자에 한하여 제소가 인정된다(행정소송법 제45조).

3. 유형
현행법상 인정되고 있는 민중소송의 예로는, 국민투표법이 정한 국민투표무효소송(동법 제92조), 공직선거 및 선거부정 방지법이 정한 선거무효소송 및 당선무효소송(동법 제222·223조), 지방자치법상 주민소송, 주민투표법상의 주민투표소송이 있다.

제3항 기관소송

1. 개설
(1) 의의
① 기관소송이란 국가 또는 공공단체의 기관 상호 간에 있어서 권한의 존부 또는 그 행사에 관한 다툼이 있을 때, 이에 대하여 제기하는 소송을 말한다(행정소송법 제3조 4호).
② 다만, 행정소송법 제3조 4호 단서는 헌법재판소법 제2조의 규정에 의하여 헌법재판소의 관장사항으로 되어있는 <u>권한쟁의심판은 행정소송법상 기관소송에서 제외</u>하고 있다.

2. 기관소송의 범위

3. 성질
   ① 객관적 소송
   ② 제소권자
      기관소송은 법률이 정한 경우에 법률이 정한 자에 한하여 제기할
      수 있다(행정소송법 제45조).
   ③ 법정주의
      기관소송은 법률이 정한 경우에 한해서 제기할 수 있다(행정소송
      법 제45조).

4. 기관소송의 예
   현행법상 기관소송은 주로 지방자치단체의 기관 상호 간의 영역에
   서 문제되며 인정되고 있다.

제3절 행정심판

제1관 개설

제1항 행정심판

1. 행정심판의 의의
   (1) 행정심판은 널리 행정기관이 행하는 행정법상의 분쟁에 대한 심
       리 재결하는 절차이다.
   (2) 행정청인 행정심판위원회가 행하는 행위로서, 행정행위의 성질을
       갖는다.
   (3) 행정심판은 행정법상의 분쟁에 대한 심판작용으로서 확인행위적
       성질과 준사법적 행위의 성질을 갖는다.
       − 행정심판의 재결에는 불가변력이 인정된다.

2. 행정심판과 유사한 제도와의 구별
   (1) 이의신청과의 구별

① 행정심판은 행정심판위원회에 제기하는 행정쟁송이나, 이의신청은 처분청에 재심사를 구하는 제도이다.

② 이의신청의 결정에 대하여 불복하는 자는 다시 행정심판을 제기 할 수 있음이 원칙이다.

(2) 행정소송과의 구별

① 공통점

(가) 양자는 모두 침해된 국민의 권익구제를 도모하는 실질적 쟁송에 해당한다.

(나) 구체적인 분쟁을 전제로 이미 행하여진 행정행위의 취소·변경을 구하는 항고쟁송이며, 법률상 이익이 있는 자만이 원고적격·청구인적격을 가지는 주관적 쟁송이다.

(다) 쟁송의 대상에 대해 개괄주의를 취하고 있고, 심리에 있어 직권심리주의, 불고불리 및 불이익변경금지의 원칙이 인정되고, 집행부정지원칙이 적용되고, 사정재결·사정판결이 인정된다.

② 차이점

쟁송의 목적(기능)의 중점, 쟁송의 성질, 쟁송사항의 범위, 쟁송의 판정기관, 쟁송의 판정절차·심리절차 등에 차이가 있다.

3. 행정심판과 헌법

헌법 제107조 제3항은 '재판의 전심절차로서 행정심판을 할 수 있다. 행정심판의 절차는 법률로 정하되, 사법절차가 준용되어야 한다.'고 하여 오히려 행정심판절차의 헌법적인 근거를 마련하고 있다.

제2관 행정심판의 종류와 대상

제1항 행정심판의 종류

행정심판법상으로는 처분 등에 대한 행정심판(항고심판)만이 규정되어 있다.

− 그 종류로는 취소심판, 무효등확인심판, 의무이행심판이 있다.

1. 취소심판
   (1) 의의

   행정청의 위법·부당한 공권력의 행사 또는 그 거부나 그 밖에 이에 준하는 행정작용으로 인하여 권익을 침해당한 자가 그 취소·변경을 구하는 행정심판을 취소심판(행정심판법 제5조 제1호).

   (2) 성질

   확인적 쟁송이 아니라 형성적 쟁송으로 보아야 한다(통설·판례).

   (3) 재결

   위원회는 취소심판의 청구가 이유가 있다고 인정하면 처분을 취소 또는 다른 처분으로 변경하거나 처분을 다른 처분으로 변경할 것을 피청구인에게 명한다(행정심판법 제43조 제3항).

2. 무효등 확인심판
   (1) 의의

   행정청의 처분의 효력 유무 또는 존재 여부에 대한 확인을 구하는 심판으로서, 구체적으로는 무효확인심판, 유효확인심판, 실효확인심판, 부존재확인심판, 존재확인심판 등이 있다.

   (2) 성질

   확인적 쟁송설, 형성적 쟁송설, 준형성적 쟁송설이 있다.

   (3) 재결

   취소심판의 경우와는 달리 청구기간 및 사정재결에 관한 규정이 적용되지 않는다. 이때의 확인재결은 행정심판의 당사자는 물론, 제3자에게도 효력이 미친다고 할 것이다.

3. 의무이행심판
   (1) 의의

   행정청의 위법·부당한 거부처분이나 부작위에 대하여 일정한 처분을 하도록 하는 심판(행정심판법 제5조 3호)이다.

   (2) 성질

   의무이행심판은 행정청에게 일정한 처분을 할 것을 명하는 심판으로 이행쟁송으로서의 성질을 갖는다.

(3) 특징

인용재결의 경우는 행정심판위원회가 스스로 원신청에 따른 처분을 하거나 처분을 할 것을 명하는 재결(이행재결)을 하며(법 제43조 제5항), 행정청에 대하여 이행의무를 명하는 재결이 있으면 당해 행정청은 지체없이 그 재결의 취지에 따라 원신청에 대한 처분을 하여야 한다(법 제49조 제2항). 위원회는 피청구인이 제49조 제2항에도 불구하고 처분을 하지 아니하는 경우에는 당사자가 신청하면 기간을 정하여 서면으로 시정을 명하고 그 기간에 이행하지 아니하면 직접 처분을 할 수 있다. 다만, 그 처분의 성질이나 그밖의 불가피한 사유로 위원회가 직접 처분을 할 수 없는 경우에는 그러하지 아니하다(법 제50조 제1항).

경찰공무원법 입문
(형법)

제1장 형법의 기초

  형사사법 전문가는 우리가 흔히들 경찰공무원을 칭하는 다른 이름이다. 형사법학의 분야에는 가장 강의의 개념으로 '범죄학, 형법, 형사소송법, 형사정책, 교정학, 범죄피해자학'을 통칭하는 개념이다.

  시민혁명으로 이룬 근대적 법치주의 국가원리에 따라서 법을 제정하는 입법부, 법을 집행하는 행정부, 분쟁을 해결하는 사법부로 권력을 분리하여 상호 균형과 견제의 원리가 작동하게 하였다.

  행정부 소속의 공무원들은 당연히 '법률전문가'로서의 토대를 가지고 다양한 정책적, 경험적 토대를 가진 전문가 집단이어야 한다. 그런데 유감스럽게도 우리나라의 교육시스템은 경찰공무원들에게 있어서 법률적 지식은 가장 중요한 토대가 됨에도 불구하고 이러한 것에 대한 인식은 대단히 낮은 편이다. 대학의 경우에 경찰을 양성하는 학과의 경우에도 규범학은 겨우 몇 학점 이수할 뿐이고 주로 실무에서 배워야 하는 과목들로 교과과정이 형성되어 있다는 점은 경찰을 비롯한 공직자들이 과연 관련 법률에 대한 법리적 이해를 도모하는 기본교육이 이루어지고 있지 않다는 점은 법학자의 시각에서 심각한 수준이라 아니할 수 없다.

  미국의 경우에도 헌법, 범죄학, 행정법, 형법, 형사소송법을 주된 교육의 방점을 두고 여기에 경찰윤리의 교육과정을 담고 있는 것과 비교하면 우리의 교육시스템은 경찰학에서 크게 경찰법학과 경찰행정학으로 구분되어 있는데 지나치게 경험과학인 행정학분야에 치중되어 있는 점 또한 개선되어야 하고, 이를 개선하기 위한 새로운 지평을 열기 위하여 입문서라고 할 수 있다.

  경찰을 비롯한 공직자들은 누구보다 법률전문가여야 한다. 우리가 속한 공동체의 질서유지와 안전, 공공복리를 보장하기 위하여 국민의 봉사지인 공직자들의 규범학적 인식의 대 전환이 요구된다 할 것이다. 법치주의 국가를 천명하면서 법은 마치 사법부의 역할을 수행하는 곳에서만 알면 되는 것처럼 인식되는 부분도 문제가 아닐 수 없다. 우리 공동체가 지향해야할 우리의 정체성을 규정한 헌법은 법치주의 국가를 살아가는 시민들의 기본교육이 되어함에도 철저한 규범학적 토대위에 실무와 연계된 경험과학이 더해져야 하는 어찌보면 쉽지 않은 전공분야라 할 수 있다. 시민혁명을 거치면서 우리의 공동체는 법률의 지배를 통한 법치주의 국가를 지향하고 있음에도 국가를 경영하는 정부의 관료들은 법치주의와 행정의 실천하려는 경향성은 대단히 낮은 것이 현실이다. 그것은 전문 교육기관인 대학의 경우에는 크게 다르지 않다는 것이다. 이러한 교육과정의 개편이 이루어지지 않는다면 이러한 법치주의국가의 실천의 본보기여야 하는 공직사회에 법치와 행정을 기대하는 것은 어쩌면 당연한 현상일 수 있을 것이다. 궁극적으로는 보편적 법치주의시민교육의 시스템이 갖추어 지기를 앙망해 보면서 법치주의 공직을 실천하기 위한 규범학의 근본규범인 헌법과 행정법, 그리고 법규범의 근본토대인 민법, 그리고 경찰과 검찰, 교정을 비롯한 공직자들 위한 형사법 분야를 중심으로 첫발을 내딛게 되었다. 이것이 법치가 공직사회에 기초되는 뿌리가 되는 작은 움직임이 되기를 소망해 본다.

형법을 어떻게 공부할 것인가?

1. 공부는 왕도가 없다는 말이 있다. 공부방법론의 첫 번째 길은 당장 도서관에서 책읽기를 시작하는 것이다.

2. 형법은 다른 규범학과 달리 체계내재적 학문적 특성을 가지고 있다. 그래서 마치 수학의 공식과도 같은 것이다. 아무리 어려운 문제도 공식을 알면 그것을 대입하면 쉽게 해결책이 생기는 것처럼 범죄체계론에 기초한 형법의 공식을 이해하는 것이다.

3. 형법은 용어의 어려움을 극복해야 한다. 그리고 한자에 대한 이해와 외국어 중에서도 특히 독일어에 대한 작은 이해도 필요하다.

4. 형법총론과 각론으로 이루어져 있는데 체계내재적 학문이기 때문에 형법총론의 비중을높여서 공부하는 것이 필요하다. 물론 궁국적으로 각론에서 제시한 범죄의 성립여부를 파악하는 것이기 때문에 형법각론의 이해도 중요하다. 그리고 절차를 통하여 범죄성립여부를 결정하는 하는 것으로 형사절차법에 대한 이해도 필요하다. 그래서 처음 시작할 때에는 형법총론과 각론, 형사소송법을 통독할 것을 권한다.

5. 법학은 분쟁해결을 위한 목적지향적 학문이다. 총론의 공식을 정리하지 못하면 문제해결력이 생기지 않는다. 결국 우리가 목표로 하는 것은 시험에 합격하여 공직자를 비롯한 법률전문가의 길을 가려는 것이라면 불굴의 의지가 필요하다.

6. 법전과 친해져야 한다. 법전은 문제해결을 위한 출발점이 된다는 점을 상기하여야 한다.

7. 판례와 친해지고, 비판적 사고를 가지는 것이 필요하다. 그리고 법률가처럼 생각하는 공부방법론에 대한 이해를 도모하기를 희망한다. 공직자가 관련 법률도 모르고 해석하지 못하면 그것은 시민의 신뢰와도 상충하는 것 아닐까?

제1절 형법의 기본개념

Ⅰ. 형법의 개념

1. 형법이란 일반적 범죄와 형벌의 관계를 규정한 국가법규범의 총체, 즉 어떤 행위가 범죄이고 그 범죄에 대한 법률효과로 어떠한 형벌을 과할 것인가를 규정하는 법규범을 말한다.[1]

2. 보안처분을 형벌에 포함하여 범죄에 대하여 형벌과 보안처분이라는 형사제재를 규정한 법규범의 총체라고 해석하는 것이 일반적이다.[2]

Ⅱ. 형식적 의미의 형법과 실질적 의미의 형법

1. 형식적 의의의 형법(협의의 형법)

가. 형법전: 1953년 9월 18일 법률제 293호.

나. 형식적 의미의 형법에는 실질적 의미의 형법에 해당되지 않는 것도 포함되어 있다. 예컨대 소추조건인 친고죄에 있어서의 고소 양형의 조건, 형의 집행, 형의 실효 및 시효에 관한 사항 등이 있다.

다. 보통 우리가 형법이라고 말할 때 협의의 형법을 말한다.

2. 실질적 의미의 형법(광의의 형법)

가. 그 명칭이나 형식을 불문하고 범죄와 형사제재를 규정한 모든 법규

---

1) 유기천, 3면; 이형국, 23면; 정영석, 15면; 이재상, 총론, 3면.
2) 김일수/서보학, 총론, 3면; 이재상, 총론, 3면; 박상기, 총론, 3면.

범을 말한다.

나. 광의의 형법에는 협의의 형법은 물론 특별형법(예를 들어 군형법, 구가 보안법, 폭력행위등처벌에 관한 법률, 특정강력범죄처벌에 관한 특별조치법, 특정범죄가중처벌등에 관한 법률, 성폭력범죄의처벌 및 피해자보호등에 관한 법률, 도로교통법, 관세법 등)과 보안처분을 규정하고 있는(형법, 보호관찰법, 소년법, 치료감호법 등)이 있다.

다. 형법에 규정된 것이라도 범죄와 형사제재를 규정한 것이 아니면 광의의 형법이 아니다.

라. '법률없으면 범죄도 없다'에서 '법률은 광의의 형법'을 말한다.

마. 주의할 점은 형사소송법, 행형법, 경찰관직무집행법 등은 실질적 의의의 형법이라고 할 수 없으며, 행정법규를 위반하여 부과되는 과태료, 범칙금을 규정하고 있는 법체계는 질서위반법이라고 하여 실질적 의의의 형법과는 구별하고 있다.[3]

Ⅲ. 질서위반법과 형법

1. 의의

단순한 행정법규위반 등 질서위반행위에 대하여 질서벌의 일종인 범칙금이나 과태료를 부과 등을 규율하는 법을 질서위반법이라고 한다. 이것은 실질적 의미의 형법과 구별되는 별도의 형사법체계를 구성한다.[4] 우리나라에서 경범죄처벌법이 과연 질서위반법인가 형법인가에 대한 다툼이 있다.

2. 형법과의 구별

가. 형식설

일정한 형태에 대한 제재의 종류가 형벌인가 아니면 과태료(범칙금)인가에 따라서 구별하는 입장이다. 이에 따르면 우리나라의 경범죄처벌법은 형벌의 일종인 구류나 과료를 제재수단으로 삼고 있기 때문에 질서위반법이 아니다.

---

3) 김일수/서보학, 총론, 4면; 임웅, 총론, 4면.
4) 김일수/서보학, 총론, 4면.

나. 실질설

형법과 질서위반법은 그 규율대상과 방법, 제재의 종류 등을 함께 고려하여 실질적으로 구별하려는 입장으로서 양자의 질적 또는 양적요소에 따라서 구별한다. 실질설 중에서도 질서위반법의 규율대상은 법익의 위험성이 본질적으로 적다는 점, 위반자의 심정태도 등에 기초한 책임비난의 정도가 약하다는 점에서 양자를 양적요소에 따라서 구별하는 것이 오늘날 일반적인 경향이다.

다. 결론

우리 형법 질서내에서 형법과 질서위반법을 구별하는 것이 쉽지 않다. 제재의 종류에 따른 형식적인 구별보다는 보호법익의 위험성과 제재의 종류나 방법 등을 고려하여 실질적으로 구별하는 것이 타당하다고 본다.[5]

Ⅳ. 형법의 성격

1. 형법의 체계적 지위

가. 범죄자를 처벌하는 국가의 공형벌권에 근거를 두고 있는 공법이다.

나. 재판에 적용되는 사법법(司法法)

다. 범죄의 요건과 효과를 규정한 실체법이다.

2. 형법의 규범적 성격

가. 법규법이다(당위의 규범이다).

나. 가설적 규범이다.

다. 행위규범이다(명령규범이면서 금지규범이다).

라. 재판규범이다.: 법관의 사법활동을 규제한다.

마. 평가규범이면서 의사결정규범이다.: 일정한 행위를 무가치한 것 즉

---

5) 형벌과 보안처분 이외의제3의 형사제재수단으로서 범칙금납부통고처분(경범죄처벌벌제6조이하,도로교통법 제117조 등)이 있는데 이처분의 대상을 범칙해위라고 하며 범칙금납부통고처분을 받은 자는 10일 이내에 납부하면 형사사건을 종결하고 범칙행위자에게 전과기록이 남기지 않도록 한특례이다(임웅, 총론, 4면).

반가치적인 것으로 평가하는 규범이면서 그러한 무가치한 행위를 할 것을 결정해서는 안된다는 의사결정규범이다.

3. 행위형법과 행위자 형법

- 가벌성을 입법화하는 방법에 개별적인 범죄행위를 기준으로 하는 행위형법
- 범죄자의 성격이나 태도 등의 범죄자의 유형 또는 장래의 위험성을 기준으로 하는 행위자 형법
- 현행형법은 행위형법이고 형량을 결정하는 경우 예외적으로 양형의 기준, 상습범, 보안처분규정 등의 행위자의 성격을 고려하여 결정한다(51조).
- 특별예방을 강조하는 입장에서는 행위자형법의 경향이 강화된다.

V. 형법의 기능

1. 규제적 기능(억압적, 진압적기능)

가. 의의

공동체생활에서 필요한 행위규범을 정하고 이 규범에 침해 또는 위험이 발생한 경우에 형사제재로써 법공동체의 평화를 위협하거나 침해하는 행위를 억제하고 규제하는 기능을 말한다.

나. 내용

1) 형법은 일정한 범죄에 대하여 형사제재를 과할 것을 예고한다. 이를 통하여 일반국민은 행위의 준칙이 되고 법관은 사법활동의 지표가 된다.
2) 형법의 규제적 기능을 국가사회적으로 보면 질서유지적 기능[6] 내지 사회보호적 기능으로 파악될 수 있다.[7]
3) 특히 형벌과 보안처분의 예고와 시행은 일반인으로 하여금 범죄

---

6) 정성근/박광민, 총론, 7면.
7) 임웅, 총론, 7면.

로 나아가지 못하게 함(일반예방기능)과 범죄인에게 법을 존중하고
건전한 사회인으로 복귀할 수 있는 기능(특별예방기능)을 한다.
4) 규제적 기능은 형법의 규범적인 성격에서 오는 논리적 기능으로
서 가장 근원적인 기능이며 여기서 보호적기능, 보장적기능, 사
회질서유지의 기능 등이 파생된다.

2. 보호적 기능(형법의 적극적 과제)

가. 의의

형법은 사회질서의 기본가치를 보호하는 기능을 가진다. 형법의 보
호적 기능은 법익보호와 사회윤리적행위가치의 보호를 내용으로 한
다. 법익보호가 결과에 대한 것이라면 행위가치의 보호는 행위에 관
한 것이다. 따라서 범죄는 법익침해와 의무위반의 성질을 가진다.[8]

나. 특성

1) 법익의 보호기능

   • **개념**: 공동체생활에서 필요불가결한 기본조건들인 법익을 확증
   하고 보호함으로써 사회일반의 법익을 보호해 주는 형법의 기
   능을 말한다.

   • **특성**: ① 법익보호는 법전체의 기능이나, 형법은 형벌이라는 특
   별한 제재를 수단으로 한다는 점에서 고유한 법익보호기능을
   갖는다.

   ② 결과반가치론의 입장에서 비른바움(Birnbaum)이 법익이라는
   개념을 처음 사용한 이후 최근까지 가벌성의 실질적 근거 및
   가벌성 제한의 기준으로서 결정적인 역할을 최근까지 담당해왔
   다. 그러나 법익보호에만 치우친 형법은 현실적인 범죄피해자
   에 대해서는 맹목적일 뿐만 아니라 피해자와 범인사이에 존재

---

8) 이에 대하여 형법의 보호적 기능은 법익보호의 영역을 넘어 보다 근원적인 차원에서 사
회윤리적 행위가치의 보호에도 영향을 미친다고 하면서, 다만 사회윤리적 행위가치의 보
호는 형법의 기능의 당위적인 요청이라기 보다는 사실상의 역할에 불과하다는 견해가 있
다(김일수/서보학, 총론, 30면). 이에 따르면 본질적 임무로서의 보호기능은 어디까지나
헌법질서에 합치하는 법익의 보호에 있다.

하는 갈등해결에도 미흡하다하는 지적이 있다.

2) 사회윤리적 행위가치의 보호기능

• 개념: 공동체의 일원으로서 개인이 실천해야할 윤리적 의무를 이행하도록 함으로써 사회윤리적으로 합치되는 행위 그 자체도 사회공동생활 가치가 있는 것으로 보호해 주는 형법의 기능을 말한다.

• 특성

① 형법은 자신의 평가의 토대를 이루고 있는 사회윤리적규범 중에서 사회의 공존조건을 확보하기 위하여 필요한 만큼의 형벌이라는 강력한 수단으로 관철시키고자 한다.[9]

② 벨첼(Welzel)이 목적적 행위론에 입각한 행위반가치론의 입장에서 주장한 것으로 형법의보충성원칙, 비범죄화이론, 형법의 탈윤리화이론의 입장으로부터 비판을 받아왔으나. 1980년 대 이후 적극적 일반예방사상이 각광을 받으면서 벨첼의 사회윤리적 행위가치의 보호는 법익보호라는 형법의 목표를 위한 수단으로서 적극적 일반예방사상의 다른 표현에 불과하다는데에 대체적인 의견의 일치를 이루고 있다.

3) 양자의 관계

① 사회윤리적 행위가치의 보호는 법익보호의 수단이라는 점 (김일수)

② 사회윤리적 행위가치의 보호는 법익보호의 범주에 포함된다는 견해(배종대)

③ 양자는 형법상 대등한 지위에서 상호 보완하면서 제한하는 관계에 있다는 견해(이재상, 이형국, 정성근)

4) 양자의 구별

	범죄의 본질	불법의 본질	형법의 성격
법익보호기능	법익침해	결과반가치	평가규범
사회윤리적행위가치보호	의무위반	행위반가치	의사결정규범

---

9) 임웅, 총론, 8면 참조.

- 불법의 본질에 대하여 보호적 기능을 강조하는 입장에서는 결과반가치론을 사회윤리적 행위가치 보호가능을 강조하는 입장에서는 행위반가치론을 주장한다.

다. 보호적 기능의 한계로서 형법의 보충성원칙

1) 의의

사회적으로 유해한 행위라 하여도 형법이외의 규제수단이므로 충분하게 사회를 유지할 수 있으면 형사제재는 가능하면 억제되어야 하고 최후수단으로서만 적용되어야 한다는 원칙을 말한다. 이는 행위반가치인 사회윤리적 행위가치보호의 관계에서 형법의 비범죄화론, 탈윤리화론과 같이 문제되고 있다.

2) 근거

가) **형법의 단편적 성격:** 형법은 사회의 모든 분야가 아니라 특별히 가벌성이 인정되는 분야에서만 법익보호기능을 수행한다. 따라서 형법이 다른 규범이 담당해야할 영역을 침범할 경우에는 그 정당성이 상실된다는데 그 근거를 두고 있다.[10]

나) **비례성의 원칙:** 형법은 강력한 제재효과를 가진 수단이므로 형법보다 가벼운 수단이 있으면 그것에 의해야 한다는 비례성의 원칙에 근거한다.

3) 비범죄화이론과 탈윤리화이론

① 비범죄화이론

형법의 기능을 사회존립에 불가결한 사회적 기능을 보호하는데 제한하고 형사법률에 의하여 규율되지 말아야 할 정당하지 못한 입법으로 비범죄화되어야 한다.

낙태, 간통, 공연음란, 음행매개, 단순도박, 존속살해중벌 규정 등에 대하여 문제가 제기된다.

---

10) 배종대, 총론, 40면.

② 형법의 탈윤리화

비범죄화의 요청은 다원적 가치관을 인정하는 민주사회에서는 형법의 기능이 헌법질서가 보장하는 시민의 자유로운 생활에 필요한 전제를 보호하는데 제한되어야 하고, 국가가 사회생활의 유지에 없어서는 안되는 기능이 되지 않는 한 허용할 수 없다는 형법의 탈윤리화를 요구하게 된다.[11]

간통죄, 혼인빙자간음죄, 자살관여죄 등에 관해 문제가 제기된다.

③ 따라서 형법의 보충성원칙은 비범죄화이론과 형법의 탈윤리화의 요청에도 그 근거를 두고 있다.

3. 보장적 기능(형법의 소극적 과제)

가. 보장적 기능이란 형법이 국가의 형벌권의 한계를 명확하게 규정하여 자의적인 형벌로부터 국민의 자유와 권리를 보장하는 기능을 말한다. 근대자유주의 법치국가사상에 기초하여 국가의 자의적인 형벌권의 행사로부터 국민의 자유와 권리를 보장하는 형법의 보장적 기능이 특히 강조된다.

나. 효과

1) 일반국민에 대한 효과

형법은 범죄가 무엇인가를 확정해 줌으로써 그에 해당하지 않는 행위에 대해서는 일반국민의 행동의 자유를 보장한다(일반인의 마그나카르타).

2) 범죄인에 대한 효과

형법은 범죄인일지라도 형법에서 정해진 형벌의 범위내에서만 처벌되고, 그 이외의 부당한 처벌은 받지 않을 것을 보장한다(범죄인의 마그나카르타).

---

11) 이재상, 총론, 7면.

다. 보호적기능과의 관계

1) 역기능·모순관계

형법은 법익이나 사회윤리적 행위가치를 보호법익으로 하는 침해권한의 규정인 동시에 범죄자와 그 관련자에 대한 법치국가적 보장(인권보장: 정형화된 과제)을 위한 침해의 한계를 선언이므로 어느 한 목적이 우선하게 된다면 다른 목적은 소홀하게 되는 반비례 내지 모순관계에 있다.

2) 양기능의 동시충족

각 국가의 법문화·법현실과 관련된 정의의 기준에 의하여 양자가 균형과 조화를 이루도록 하여야 할 것이다. 현실적으로는 보호적 기능에 비해 열등한 지위에 있는 보장적 기능을 보호적 기능의 수준으로 올려 양자가 균형상태를 가질 수 있도록 하여야 할 것이다.

4. 기능 상호간의 관계

상호 보충적인 관계로 파악되어야 할 것이다.

VI. 위험형법의 등장[12]

1. 등장배경 및 의의

근대화·산업화가 양산한 위험이 인류의 생존자체를 후기 현대의 위험사회에서는 새로운 위험에 대처하기 형법의 전치화를 통하여 형법이 보호하는 영역을 확대하지는 것으로 전통적인 자유주의적 법치국가사상으로부터 예방적 조절모델로서의 형법의 역할을 주장하는 견해의 등장함.

2. 논거 및 대상

위험형법은 사후적 통제인 응보보다는 예방사상이 특별예방이나 소극적 일반예방보다는 적극적 예방이 형사입법의 정당화시키는 논거가 된다. 위험형법은 미래의 안전과 관련하여 보호법익을 확정하기 어렵기 때문

---

12) 김일수/서보학, 총론, 85면 참조.

에 전통적인 법익사상을 벗어나 새로운 행위규범에 대한 형법적 통제의 필요성을 강조함 예를 들어 환경, 경제 등

3. 위험형법의 특징

위험형법은 전통적인 법치국가에서 형법의 보충성원칙을 고집하지 않고 보편적법익개념의 확대를 통하여 피해자없는 범죄에 대한 형법의 비대화를 인정하였다.

예방을 위해 추상적 위험범의 확대, 국민을 계몽하는 도구로 사용하는 예방형법, 상징형법으로서의 특징을 가진다.

4. 위험형법의 적용한계

사회적 위험에 대하여 형법을 조기투입하고, 계몽하는 역할을 담당하는 것은 바람직한 것이 될 수 없다는 역사적 교훈이 있다. 그럼에도 안전을 위해 자유를 희생하게 하는 것은 주객이 전도된 것으로 결코 바람직한 형법의 방향이라고 볼 수 없다. 적적한 조화를 모색해야 할 것으로 본다.

제2절 **형법의 발전**[13]

구분	시기	주요내용
1) 복수시대 (속죄시대)	원시시대~ 고대국가형성전	•사형벌과 공형벌의 미분화 •원시종교적 미신적 사회규범 •동해보복(탈리오법칙) •속죄제도: 함무라비법전
2) 위하시태 (형벌의 국가화)	고대국가~17세기	•공형벌 제도화 •형벌의 잔혹성 •16세기 카롤리나 형법전, 교회법, 당률, 대명률, •규문주의(죄형전단주의) •일반예방강조
3) 박애시대 (형벌의 법률화, 객관주의의 등장)	18세기~19세기 중엽	•계몽주의·합리주의, 민주주의, 법치주의 •개인의 자유와 인권을 중시 •죄형법정주의원칙의 확립 •형벌의 인도주의화 •베까리아(Beccaria), 포이에르바흐(Feuerbach),칸트(Kant), 헤겔(Hegel)
4) 과학시대 (형벌의 개별화, 주관주의)	19세기 후반~	•범죄의 격증, 상습법, 소년범 •범죄인의 재사회화(특별예방주의) •범죄인과 범죄원인에 관한 실증과학적 연구 •롬브로조(Lombroso), 페리(Ferri), 가로팔로(Garofalo), 리스트(Liszt)
5) 위험형법의 등장	현대사회	•위험사회에 예방조절로서 형법의 전치화 •보충성원칙의 완화 •보편적법익의 확대와 형법의 비대화 •국민을 계몽하는 도구로서의 형법의 적극적 역할을 강조

---

13) 김일수/변종필, 객관식, 24면 참조.

제3절 형법의 적용범위

I. 형법의 시간적 적용범위

> **제1조 (범죄의 성립과 처벌)**
> ① 범죄의 성립과 처벌은 행위시의 법률에 의한다.
> ② 범죄후 법률의 변경에 의하여 그 행위가 범죄를 구성하지 아니하거나 형이 구법보다 경한 때에는 신법에 의한다.
> ③ 재판확정후 법률의 변경에 의하여 그 행위가 범죄를 구성하지 아니하는 때에는 형의 집행을 면제한다.

1. 의의

형법의 시간적 적용범위란 행위시와 재판시에 법률의 변경이 있는 경우에 신법과 구법 중 어느 법률을 적용할 것인가의 문제이다.

2. 입법주의

가. 행위시법(구법)의 추급효를 인정하는 행위시법주의: 사후입법금지원칙과 죄형법정주의 원칙을 근거로 든다.

나. 재판시법(신법)의 소급효를 인정하는 재판시법주의: 신법이 구법보다 진보적이며 형법이 재판규범임을 근거로 한다.

다. 우리 형법은 원칙적으로 행위시법주의를 취하면서 재판시에 법령이 변경되어 처벌되지 않거나 경하게 변경된 경우에는 재판시법주의를 취한다(형법 제1조).

3. 시간적 적용범위에 대한 구체적인 접근

가. 원칙은 행위시법주의를 취하고 있다(형법 제1조 1항).

　　1) 의의

　　　　우리 형법이 행위시법주의를 취하고 있는 이유는 사후입법에 의한 처벌이나 형의 가중을 금지하는 죄형법정주의의 핵심적인 내용인 소급효금지의 원칙 때문이다.

2) 행위시의 결정방법

가) 행위시란 "범죄행위(실행행위)를 종료시"를 의미하고, 실행행위 이후의 결과 발생 및 객관적 처벌조건은 행위시를 결정하는 기준이 아니다.[14]

나) 실행행위가 행위시법과 재판시법에 걸쳐서 행해진 포괄일죄의 경우 범죄의 실행행위 종료시법을 적용하면 되기 때문에 신법을 적용하여 포괄일죄로 처단한다.[15]

*&*특경가법이 증권거래법위반의 경우/ 상습사기의 경우 포괄일죄임에도 불구하고 개정후 금액이 문제된 경우에만 적용한다.

3) 법률의 의미

가) 행위시의 법률은 실행행위의 종료시에 유효한 법률을 말한다.

나) 시행령이 없는 경우 법률이 있으면 된다.

〈판례〉

법률이 제정, 공포될 경우에는 특례규정이 없는 한 모든 국민에게 당연히 그 효력이 미치고 그 법률에 따른 시행령이 있어야만 효력이 있는 것은 아니며 골재채취법 제49조 제5호는 같은 법 제25조 본문에 의하여 허가내용의 변경에 대한 승인을 얻지 아니하고 허가받은 내용을 변경하여 골재를 채취한자를 처벌하려는 것이므로, 같은 법 제25조 단서에 의하여 변경승인을 요하지 아니하는 경미한 신고사항을 정할 것을 위임받은 대통령령이 시행되기 전이

---

14) 범죄의 성립과 처벌은 행위시의 법률에 의한다고 할 때의 "행위시"라 함은 **범죄행위의 종료시**를 의미한다(대법원 1994.5.10. 선고 94도563 판결).

15) 포괄일죄로 되는 개개의 범죄행위가 법 개정의 전후에 걸쳐서 행하여진 경우에는 신·구법의 법정형에 대한 경중을 비교하여 볼 필요도 없이 범죄 실행 종료시의 법이라고 할 수 있는 신법을 적용하여 포괄일죄로 처단하여야 한다(대법원 1998. 2. 24. 선고 97도183 판결). (잘못된 판결)일반적으로 계속범의 경우 실행행위가 종료되는 시점에서의 법률이 적용되어야 할 것이나, 법률이 개정되면서 그 부칙에서 '개정된 법 시행 전의 행위에 대한 벌칙의 적용에 있어서는 종전의 규정에 의한다'는 경과규정을 두고 있는 경우 개정된 법이 시행되기 전의 행위에 대해서는 개정 전의 법을, 그 이후의 행위에 대해서는 개정된 법을 각각 적용하여야 한다(대법원 2001. 9. 25. 선고 2001도3990 판결).

라고 하더라도, 변경승인 없이 임의로 허가내용을 변경하여 골재를 채취하는 행위는 같은 법 제49조 제5호에 의하여 처벌할 수 있다(대법원 1995.4.25. 선고 94도1379 판결).

〈제1조 2항〉

범죄후(실행행위종료시): 결과발생을 불문

법률의 변경

‒ 총체적 법상태(형법에 한하지 않는다)

‒ **형이 경중을 따질 때 법정형을 기준함.**[16]

‒ 가장 중한형만을 기준/ 중한형이 동일하면 부가형/ 또는 선택형/

‒ 법정형이 선택형이면 징역 또는 벌금으로 된 경우 중한 것으로 우선 판단

‒ 1년 이하의 경우 > 1년 이하 또는 벌금형이 선택형으로 들어온 경우 경하게 변경

‒ 절도죄가 현재 6년 이하에서 7년으로 개정하면서 누범을 장기 두배에서 장기 2분의 1로 가중한 경우 10년 6월로 된 경우 가중 감경사유가 있으면 다 고려한다.

‒ (형법 제37조) 판결이 확정되지 아니한 수개의 죄 또는 금고 이상의 형에 처한 판결이 확정된 죄와 그 판결확정 전에 범한 죄를 경합범으로 한다.

‒ 범죄후 법률의 개정에 의하여 법정형이 가벼워진 경우에는 형법 제1조에 의하여 당해 범죄사실에 적용될 가벼운 법정형(신법의 법정형)이 공소시효기간의 기준으로 된다(대법원 1987.12.22. 선고 87도84 판결).

‒ 비범죄화하면 면소판결(형소 326조)

‒ 중간시법등이 있는 경우 전부 비교해서 판단함.

‒ **헌법재판소 위헌결정으로 범죄로 해당하지 않는 경우는 무죄라고 판례가 있다.**

---

16) 형의 경중의 비교는 원칙적으로 법정형을 표준으로 할 것이고 처단형이나 선고 형에 의할 것이 아니며, 법정형의 경중을 비교함에 있어서 법정형 중 병과형 또는 선택형이 있을 때에는 이 중 가장 중한 형을 기준으로 하여 다른 형과 경중을 정하는 것이 원칙이다(대법원 1992.11.13. 선고 92도2194 판결).

- 헌법불합치 결정의 경우 개정시한이 도과한 경우 다수의견은 무죄판결/ 소수의 견은 면소판결이 성립한다.

- **##부칙에서 행위시법을 적용하여도 문제가 없다./경과규정을 두면 그에 따른다.**

** 우리 판례는 동기설을 취함? /독일은 추급효인정하는 명문의 규정이 있어 동기설이 의미를 가지고 있다. 그러나 우리나라는 아니다./ 동기설은 형법규범의 본질에 관한 문제에서 출발한다. 다시 말해서 법규범은 어떤 행위가 사회윤리적으로 무가치하다는 판단에서 만들어진 것이다.

** 동기설의 법규범본질론에 기초하여 평가규범성을 판단/ 목적론적축소해석으로 가벌성의 확대문제가 있다.

　　- 동기설은 모든 법률문제에서 일반적인 해석기준이다. 그런데 종래는 한시법에서만 적용된다고 본 잘못이 있었다. 그러나 지금은 아니다.

〈사실관계변경〉
- 계엄포고령[17]
- 부동산등기특별조치법의 폐지
- 한국전기공사법으로 한전을 법률정책변경으로 정부투자기업에서 제외한 것(공기업민영화)
- 식품위생법 단란주점 시간 변경(시간제한변경)은 사실관계의 변경이다.[18]
- 지정차로제도가 변경된 것

---

17) 계엄은 국가비상사태에 당하여 병력으로써 국가의 안전과 공공의 안녕질서를 유지할 필요가 있을 때에 선포되고 평상상태로 회복되었을 때에 해제하는 것으로서 계엄령의 해제는 사태의 호전에 따른 조치이고 계엄령은 부당하다는 반성적 고찰에서 나온 조치는 아니므로 계엄이 해제되었다고 하여 계엄하에서 행해진 위반행위의 가벌성이 소멸된다고는 볼 수 없는 것으로서 계엄기간중의 계엄포고위반의 죄는 계엄해제후에도 행위당시의 법령에 따라 처벌되어야 하고 계엄의 해제를 범죄후 법령의 개폐로 형이 폐지된 경우와 같이 볼 수 없다(대법원 1985.5.28. 선고 81도1045 전원합의체 판결).
18) 비판많음.

- 식품공전에 황색4호, 청색4호 등의 사용금지시켰다가 제조기술의 발달로 보아 사실의 변경
- 식품위생법이 냉동감자의 유통기한을 변경된 경우는 사실의 변화
- 유자차성분배합기준변경
- 건강식품안전성 제고
- 비업무용차량의 정기점검기간에 대한 변경이 자동차 제조기술의 발달로 인한 사실의 변화
- 건설업법 건설업법적용을 받지 않는 것 3천만원 미만의 경우에는 신고하지 않아도 되는 것(경제적 사실관계의 변화)
- <u>운전자의 부당요금징수를 처벌대상에서 제외된 것</u>(비판됨),
- <u>부동산 중개업자 보조원 5인 이상 고용금지를 위반한 경우 고용을 폐지한 것은 사실관계의 변경</u>(IMF사정)
- 외환관리법상 해외여행에서 휴대금액의 변경(화폐가치라는 금전적경제적 변경)

& 과거의 법률이 잘못된 경우(법적견해의 변경): 법률이념의 변천으로

& 사실관계가 바뀌서 사회현상에 대처하기 위한 법(사실관계의 변경): 1조 2항의 변경으로 보지 않는 다는 것이 판례이다.

* 자의적인 재판의 가능성/권력분립을 위반/ 추급효인정설을 따른 것/

- 기밀유지법에서 기밀의 시한이 30년인데 29년쯤에 누설하고 31년에 재판을 받는 것은 법률의 변경이 아니다.
- 세율의 변경이 있어도 이는 법률의 변경에 해당하지 않는다. 형이 변경되지 않은 것에 해당하므로

〈법률관계변경〉
- 형법과 특별형법의 변경은 무조건 법적견해변경으로 본다(특경가법상 처벌금액의 변경은 경제적 사정인데 법적견해변경으로 본다는 비판).
- 공선법상 허위학력기재를 완화한 것은 반성적 고려
- <u>자동차관리법이 자동차폐차시 기능성장치 재활용하는 것이 법적 견해 변경이다.</u>

- 구청소년보호법(미성년자보호법)에서 청소년의 출입을 금지하였지만/ 이
  성혼숙의 경우 금지하겠지만 고용만을 금지로 바꿈
- 축산물가공처리법상 "개"를 제외하는 것은 법적사정의 변경(비판)
- 정당한 사유없이 민소법상 재산 명시신청 위반한 경우 형벌법규를 처벌
  한 것은 형법의 보충성에 반한다. 따라서 이를 변경하는 것은 법적견해
  변경
- 행정단속법규 위반으로 사실심에서 유죄판결이 선고된 후 법령개정으로
  당해 위반행위의 대상품목이 동법의 단속대상에서 제외된 것이 형사소
  송법 제383조 제2호 "판결후 형의 폐지"가 있는 경우에 해당된다.[19]

〈개정법률의 시행전에 다시 개정된 경우〉: 법령의 변경에 해당하지 않음

위 제51조 제6호, 제47조 제1항이 1992.12.8. 법률 제4530호로 개정되어(시
행일은 1993.3.1.) 개정 전의 법률이 처벌대상으로 삼았던 "사위 기타 부정한 방
법으로 위 법에 의하여 건설, 공급되는 주택을 공급받거나 공급받게 하는" 행
위를 처벌대상에서 제외하였으나, 위 개정법률은 시행되기 전인 1993.2.24. 법
률 제4540호로 다시 개정되어(시행일은 1993.3.1.) "사위 기타 부정한 방법으로
위 법에 의하여 건설, 공급되는 주택을 공급받거나 공급받게 하는" 행위를 다
시 처벌대상에 포함시켰으므로 피고인이 부정한 방법으로 주택을 공급받았다
는 범죄사실은 범죄 후 법령이 변경된 경우에 해당된다고 볼 수 없다(대법원
1994.1.14. 선고 93도2579 판결).

외국환관리규정의 개정으로 인하여 거주자의 집중의무의 면제범위가 확대
되었다고 하여도 이는 범죄후 법률의 변경에 의하여 그 집중의무위반의 범죄
행위가 범죄를 구성하지 않게 되거나 형이 가볍게 된 경우에 해당하는 것이

---

19) 식육점 경영자가 사전검사를 받지 않고 견육을 판매목적으로 진열한 행위는 행위시법에
따르면 축산물가공처리법 위반행위가 되나 원심에서 유죄판결이 선고된 후 동법시행규
칙 개정으로 "개"에 대하여는 동법의 적용을 받지 않게 되었고 이는 이와 같은 경우를
처벌대상으로 삼은 종전 조처가 부당하다는데서 온 반성적 조처로 볼 것이므로 위 사유
는 형사소송법 제383조 제2호의 판결 후 형의 폐지가 있는 때에 해당되며 또한 이건은
범죄후 법령개폐로 형이 폐지된 때에 해당되어 같은법 제326조 제4호에 정한 면소사유
가 된다(대법원 1979.2.27. 선고 78도1690 판결).

아니므로 **형법 제1조 제2항이 적용될 여지가 없다**(대법원 1989.5.23. 선고 89도 570 판결),

　범죄후 법령의 개폐로 그 형이 폐지되었을 경우에는 실체적 재판을 하기 전에 면소 판결을 하여야 한다(대법원 1969.12.30. 선고 69도2018 판결).

　행위시와 재판시 사이에 수차 법령의 변경이 있는 경우에는 이 점에 관한 당사자의 주장이 없더라도 본조 제2항에 의하여 직권으로 행위시법과 제1, 2 심판시법의 세가지 규정에 의한 형의 경중을 비교하여 그중 가장 형이 경한 법규정을 적용하여 심판하여야 한다(대법원 1968.12.17. 선고 68도1324 판결).

〈한시법의 개념〉
 - 협의설: 명문의 규정에 의하여 한시법으로 정해진 협의의 한시법이라는 견해
 - 중간설(이재상교수): 광의설로보면서 법적견해실효는 한시법 아니고 사실 관계는 한시법으로 본다.
 - 광의설: 사실상의 한시법(임시법/조치법)

〈한시법의 추급효를 인정할 수 있나?: 명문의 규정이 없는 경우〉
 - 추급효인정설
 - 추급효부정설(다수설): 죄형법정주의위배/유추해석이다/
 - 동기설

3. 백지형법과 보충규범
　가. 백지형법의 의의
　　1) 백지형법이란 일정한 형벌만을 규정하고 그 형벌의 전제가 되는 구성요건 전부 또는 일부의 내용을 다른 법령에 위임하여 다른 법령에 의하여 보충할 것이 요구되는 형벌법규를 말한다(예를 들 어 형법 제12조 중립명령위반죄, 경제통제법령에서의 고시, 환경범죄단속

에 관한 특별조치법 제2조).

2) 보충규범이란 백지형법의 공백을 보충하는 규범을 말한다.

나. 문제점

1) 백지형법은 변경없이 보충규범만의 변경이 형법 제1조 제2항에서 말하는 법률의 변경인가?

2) 보충규범의 개폐가 법률의 변경에 해당한다면 보충규범도 한시법으로 볼 수 있는가?

3) 한시법으로 보는 경우에 그 추급효를 인정할 것인가?

다. 보충규범의 변경이 1조 2항의 법률변경에 해당하는가?

1) 견해의 대립

가) 소극설(전면적 처벌설)

전문성과 기술성이 요구되는 분야에서 백지형법의 실효성을 확보하기 위하여 보충규범을 두어 형벌의 전제가 되는 구성요건의 전부 또는 일부를 위임하고 있으므로 이는 구성요건의 내용의 변경에 불과하고 형벌규정이 실효하는 것이 아니기 때문에 1조 2항의 법률변경에 해당하지 않는다.[20]

나) 적극설(전면적 면소설)

보충규범도 상위규범과 합하여 전체로서 형벌법규를 이루고, 범죄의 성립과 처벌은 구성요건과 형벌을 분리하여 논할 수 없기 때문에 보충규범의 개폐도 법률의 변경에 해당한다.[21]

다) 절충설(구분설)

- 보충규범의 개폐가 구성요건 자체를 정하는 법규의 개폐에 해당할 때에는 법률의 변경에 해당하나. 단순히 구성요건에 해당하는 사실면에 있어서 법규의 변경에 해당하는 경우에는 때에는 법률의 변경이 아니라는 견해[22]

---

20) 염정철,169; 진계호,102; 황산덕, 34. 이 견해는 추급효를 인정하는 견해를 취하여 제1조 1항의 행위시법으로 처벌된다고 한다.

21) 김일수/서보학, 박상기, 배종대, 손동권, 이형국, 정성근/박광민,

22) 강구진, 남흥우, 형총, 59면.

2) 판례의 입장

　　동기설을 취하고 있다.

3) 검토

　　적극설이 타당하다.

라. 보충규범이 법률변경에 해당한다면 보충규범도 한시법인가?

　　1) 한시법을 협의로 파악하는 견해[23]: 기간의 정함이 없으므로 한시법으로 볼 수 없다.

　　2) 한시법을 광의로 파악하는 견해: 광의의 한시법으로 보면 한시법으로 볼 수 있다.

　　* 백지형법은 모두 한시법이라 할 수 없다.

마. 보충규범을 한시법으로 본다면 추급효를 인정할 것인가.

　　부정설, 긍정설, 동기설이 대립한다. 추급효부정설에 따르면 형사소송법 제326조 제4호에 의해 면소판결을 해야 한다.

　　─ 판례는 동기설을 취한다(중립명령의 폐지 이유를 가려서 판단).

Ⅱ. 장소적 적용범위

> **제2조(국내범)** 본법은 대한민국영역내에서 죄를 범한 내국인과 외국인에게 적용한다.
>
> **제3조(내국인의 국외범)** 본법은 대한민국영역외에서 죄를 범한 내국인에게 적용한다.
>
> **제4조(국외에 있는 내국선박 등에서 외국인이 범한 죄)** 본법은 대한민국영역외에 있는 대한민국의 선박 또는 항공기내에서 죄를 범한 외국인에게 적용한다.
>
> **제5조(외국인의 국외범)** 본법은 대한민국영역외에서 다음에 기재한 죄를 범한 외국인에게 적용한다.
>
> 　1. 내란의 죄
>
> 　2. 외환의 죄
>
> 　3. 국기에 관한 죄
>
> 　4. 통화에 관한 죄

---

23) 협의의 한시법은 기간의 정함이 있는 것

5. 유가증권, 우표와 인지에 관한 죄

6. 문서에 관한 죄중 제225조 내지 제230조

7. 인장에 관한 죄중 제238조

제6조(대한민국과 대한민국국민에 대한 국외범) 본법은 대한민국영역외에서 대한민국 또는 대한민국국민에 대하여 전조에 기재한 이외의 죄를 범한 외국인에게 적용한다. 단 행위지의 법률에 의하여 범죄를 구성하지 아니하거나 소추 또는 형의 집행을 면제할 경우에는 예외로 한다.

제7조(외국에서 받은 형의 집행) 범죄에 의하여 외국에서 형의 전부 또는 일부의 집행을 받은 자에 대하여는 형을 감경 또는 면제할 수 있다.

제8조(총칙의 적용) 본법 총칙은 타 법령에 정한 죄에 적용한다. 단, 그 법령에 특별한 규정이 있는 때에는 예외로 한다.

1. 개설

2. 입법주의

　가. 속지주의(2조) 죄를 범한은 범죄성립의 일부가 이루어진 경우/ 공모지도 우리법

　　− 속지주의는 국가주권사상과 소송경제, 실체적 진실발견과 정의에 합치한다는 장점

　　− 국외에 발생한 내국인의 범죄 혹은 법익침해에 대한 형벌권행사가 곤란하고 범죄의 확정에 어려움을 겪을 수 있다.

　나. 속인주의(3조)

　　1) 적극적 속인주의와 소극적 속인주의

　　　− 자국민이 범한 모든 범죄에 적용/자국민이 범한 자국 또는 자국민에 대한 법익침해만 적용(소극)/ 속인주의는 적극적 속인주의를 의미한다.

　　　− 미문화원방화사건

　　　**기국주의(4조)는 속지주의의 변형이다.

　다. 보호주의:

　　− 5조 국가보호주의: 절대적 보호주의

> - 중국인이 중국에서 경기도 경찰청 문서 위조한 것
> * 중국인이 중국에서 대한민국의 회사의 인장을 위조한 경우(사인장 위조)는 재판
>   권이 없다고 봄[24]: 비판이 많음

- 6조는 국민보호주의: 상대적 보호주의

라. 세계주의

- 반인도적 범죄/ 국제사회연대성의 표현/ 총칙에는 없다.

3. 우리형법의 태도

가. 속지주의원칙

예) 캐나다 국적의 피고인이 북한의 지령을 받고 일본, 중국을 경
유하여 북한에 입국하여 북한의 지령을 받은 경우(송두율사건을
계기로 판례가 변경됨)/

- 외국인이 대한민국공무원에게 알선수죄한 경우 알선장소가 외국
이라도 대한민국에서 금품수수가 이루어진 경우 대한민국법

- 간통죄를 처벌하지 않는 국가의 국적을 가진 외국인이 국내에서
벌어진 배우자의 간통행위에 대하여 고소권은 속지주의 원칙에
의하여 가진다고 본 판례(대법원 2008. 12. 11. 선고 2008도3656)[25]

- 기국주의특례: 대한민국영역외(외국 또는 공해상)의 대한민국 선박
또는 항공기 내에서 죄를 범한 외국인에게 적용함.

나. 속인주의의 가미

- 내국인이 범한 국외범.

- 국적보유는 범죄행위시를 기준으로 판단함./북한주민도 내국인의
범주에 포함

---

24) 국민의 요건 자연인/형법으로 보호할 가치가 있기 때문에 처벌해야 마땅하다. 6조를 적
용해야 한다는 견해가 있음/형법 제239조 제1항의 사인위조죄는 형법 제6조의 대한민
국 또는 대한민국국민에 대하여 범한 죄에 해당하지 아니하므로 중국 국적자가 중국에
서 대한민국 국적 주식회사의 인장을 위조한 경우에는 외국인의 국외범으로서 그에 대
하여 재판권이 없다(대법원 2002. 11. 26. 선고 2002도4929 판결).
25) 대법원 2008. 12. 11. 선고 2008도3656.

- 외국공관의 경우 외교상특칙에 의하여 우리가 재판권을 행사하지 않고 형벌집행을 면제하는 지역이라고 본다.
- 도박죄를 처벌하지 않는 외국의 카지노에서 도박한 경우에도 속인주의원칙에 따라서 위법성이 조각되지 않는다.[26]
- 미문화원방화사건에 관한 판례[27]: 많은 비판이 있음

다. 보호주의에 의한 보충
- 5조 외국인의 국외범(국가보호주의)[28]/6조 개인보호주의와 상호주의
- 페스카마스호사건[29]: 해상강도살인과 사체유기의 경합범으로 처벌됨(형법6조의 보호주의)
- 송두율교수사건: 독일인이 독일 내에서 북한의 지령을 받아 베를린 주재 북한이익대표부를 방문하고 그곳에서 북한공작원을 만났다면 위 각 구성요건상 범죄지는 모두 독일이므로 이는 외국인의 국외범(**종래에는 속지주의 혹은 속인주의로 해결(97년 판례)보호주의로 해결로 변경**)에 해당하여, 형법 제5조와 제6조에서 정한 요건에 해당하지 않는 이상 국가보안법 위반을 적용하여 처벌할 수 없다.[30]

---

26) 대법원 2004. 4. 23. 선고 2002도2518./형법 제3조는 '본법은 대한민국 영역 외에서 죄를 범한 내국인에게 적용한다.'고 하여 형법의 적용 범위에 관한 속인주의를 규정하고 있는바, 필리핀국에서 카지노의 외국인 출입이 허용되어 있다 하여도, 형법 제3조에 따라, 필리핀국에서 도박을 한 피고인에게 우리 나라 형법이 당연히 적용된다(원 2001. 9. 25. 선고 99도3337).
27) 국제협정이나 관행에 의하여 대한민국내에 있는 미국문화원이 치외법권지역이고 그 곳을 미국영토의 연장으로 본다 하더라도 그 곳에서 죄를 범한 대한민국 국민에 대하여 우리 법원에 먼저 공소가 제기되고 미국이 자국의 재판권을 주장하지 않고 있는 이상 **속인주의를** 함께 채택하고 있는 우리나라의 재판권은 동인들에게도 당연히 미친다 할 것이며 미국문화원 측이 동인들에 대한 처벌을 바라지 않았다고 하여 그 재판권이 배제되는 것도 아니다(대법원 1986. 6. 24. 선고 86도403).
28) 외국인의 국외범에 대하여는 형법 제5조에 열거된 이외의 죄를 적용할 수 없음이 원칙이고 반공법 자체나 그밖의 법률에 이와 같은 외국인의 국외범에 대하여 반공법을 적용할 수 있는 근거를 찾아 볼 수 없다(대법원 1974.8.30. 선고 74도1668 판결).
29) 대법원 1997. 7. 25. 선고 97도1142.
30) 법원 2008.4.17. 선고 2004도4899 전원합의체 판결.

- 조선족이 중국 북경시에 소재한 대한민국 영사관 내[31]에서 여권 발급신청서를 위조한 행위(사문서위조)는 외국인의 국외범(보호주의)에 해당한다는 이유로 피고인에 대한 재판권이 없다.[32]

라. 세계주의

> **제296조의2(세계주의)** 제287조부터 제292조까지 및 제294조는 대한민국 영역 밖에서 죄를 범한 외국인에게도 적용한다. [본조신설 2013.4.5]

1) 종래의 논의를 입법론으로 해결
2) 판례
   중국민항기 납치사건에 대하여 세계주의를 적용이라는 견해도 있고, 속지주의를 적용한 견해도 있다.
   - 항공기 착륙지국의 재판권을 인정한 국제조약에 근거하여 우리나라에 재판권이 있다.

4. 외국에서 받은 형 집행의 효력

- 이중처벌의 가능성이 있기 때문에 **임의적 감면사유**로 규정함
- 3조의 속인주의로 인하여 외국의 속지주의와 우리나라의 속인지주의 충돌하는 것

〈쟁점〉 외국법원에서 대한민국 국민에게 몰수가 선고되었지만.

> ① 외국법원에서 몰수대상을 반환하였다(몰수물 외국 소재): 추징할 수 있다.
> ② 외국법원에 몰수된 경우: 추징할 수 없다.

---

31) 중국 북경시에 소재한 대한민국 영사관 내부는 여전히 중국의 영토에 속할 뿐 이를 대한민국의 영토로서 그 영역에 해당한다고 볼 수 없을 뿐 아니라, 사문서위조죄가 형법 제6조의 대한민국 또는 대한민국 국민에 대하여 범한 죄에 해당하지 아니함은 명백하다(대법원 2006.9.22. 선고 2006도5010 판결).
32) 대법원 2006.9.22. 선고 2006도5010 판결.

Ⅲ. 인적 적용범위

1. 의의

- 형법이 어떤 사람에게 적용되는가의 문제로 시간·장소적효력이 미치는 범위내의 모든 사람에게 적용된다.

2. 원칙

3. 예외

가. 국내법상 예외

1) 대통령: 퇴직후 형사소추의 가능성은 남아 있다.
2) 국회의원

나. 국제법상의 예외

1) 국제법상 외교적 특권에 의한 예외
2) 외국의 군대[33]

미합중국 군속의 경우 평시에는 우리 형법이 적용된다.

〈형벌이론의 이해〉

형벌의 의미와 목적이 무엇인가에 대한 탐구를 하는 것이 형벌이론이다.

형벌이론에 대한 이해는 형법을 이성적이고 합목적적으로 발전시키기 위한 전제

1. 절대적 형벌이론(응보이론)

가. 응보이론: 형벌은 범죄에 대한 응보라는 입장

- 절대적 정의의 요구로 보는 정의이론, 속죄의 형태로 보는 속죄이론 등이 절대적 형법이론에 속한다.[34]
- 범죄자에게 동일혹은 동가치적 형벌을 부과하여 범죄에 대한 응

---

33) 이에 대하여 조약이나 협정에 의하여 국내형사재판권을 행사할 수 있을 뿐이지 인적 적용범위의 예외가 아니라는 견해가 있다(오영근, 88면; 임웅, 61면).

34) 배종대, 형법총론, 21면 이하 참조

분의 고통을 부과하는 것 그것이 형벌의 자기목적성이라 하고 이를 응보형주의라 한다.

- 탈리오의 법칙이 응보이론의 기초
- 칸트는 인간은 이성적 본성을 가진 목적 그자체로서 존재한다고 하면서 다른 인간을 위해 수단이 되는 것을 경계함
- 칸트는 '섬의 이론'에서 내일 지구의 종말이 온다고 해도 정의를 세우고 한사람의 범죄자도 반드시 처벌하는 것이 필요하다고 주장함
- 헤겔은 '법과 정의는 인간의 자유와 의지에 근거를 가져야 하며, 형벌의 목적을 예방에 두는 것은 마치 인간을 개처럼 취급하여 겁을 주기위해 몽둥이를 드는 행위가 유사하다는 비판을 함.
- 응보형주의의 장점은 현실적인 설득력이 존재하고 인간의 존엄의 완전한 승인이 가능하며 책임주의 원칙을 준수할 수 있다는 점을 들고 있다. 이것은 인간의 자유의지의 존재를 전제하는 것이다.

경찰공무원법 입문
(형사소송법)

제1장 서론

형사소송법은 형법을 적용실현하는 절차를 규정한 국가공법이다. 그 절차를 살펴보면 수사절차, 공판절차, 형집행절차를 아우르는 형사절차 전반을 규정한 법이라고 할 수 있다.

그럼에도 불구하고 형사소송법에 대한 근본적인 이해는 대단히 부족한 것이 현실이고 실제로 국가기관에서 형사소송법을 실질적으로 적용하고 집행하여야하는 경찰이나 공무원들 조차도 형사절차법에 대한 이해의 중요도에 대해서 인식수준은 높지않은 것이 사실이다.

우리는 법의 근본정신을 말할 때 법이 추구하는 최고의 가치를 인간의 존엄성이라고 말한다. 그러한 인간의 존엄성을 보호받기 위한 도구로써 자유와 평등 그리고 인권보장을 말하고 이를 정의를 구현하는 법의 목적이라고 말하고 있다.

정의를 영어로 표현하면 'justice'라고 하고 이 'justice' 적정절차의 보장을 통하여 구현될 수 있음이 자명한 사실이다. 그래서 적정절차의 보장, 형사절차법의 제대로 된 이행은 정의로운 법치국가를 구현하기 위한 가장 근본적인 방법이 되는 것이다.

이렇게 보면 형사절차법의 중요성은 아무리 강조해도 지나치지 않다. 그런데 우리의 공부방법을 살펴보면 일단은 법의 근본원리를 이해하기보다 시험에 합격하기 위하여 이 부분이 시험에 나오는 가 나오지 않는가를 기준으로 공부의 기준이 정해지는 것 또한 지금 교육이 가지고 있는 문제점이라고도 할 수 있다. 형사소송법도 절차법정주의에 따라 법의 원칙이 실정법의 테두리 안에 대부분 명확하게 규정되어 있다. 그러나 그 양이 방대하여 그것을 다외우거나 하는 것은 결코 쉬운 문제가 아니다. 따라서 형사절차법 전반에 흐르고 있는 근본원리를 공부하는 것은 무엇보다도 중요하다고 하지 않을 수 없다.

시험범위와 관련하여 수사절차와 공판절차 증거 등을 중심으로 출제될 것이라는 것이 예견되어있다. 그러나 이러한 구체적인 사건해결을 위한 수사절차나 공판절차의 이해가 반드시 필요한 것은 부인할 수 없는 사실이지만, 그곳을 관통하는 법의 근본원리를 이해하는 것은 더욱 더 중요한 것이다. 형사절차법의 기본원리에 대한 이해없이 구체적인 문제해결에만 치중하게 된다면 국가형벌권이 가장 경계해야하는 자의적인 남용을 막는 것도 한계를 가질 수밖에 없을 것이기 때문이다.

따라서 이 입문서에서는 우리가 자칫 수험에 빠져 법의 근본원리를 망각한 체 단편적인 지식을 습득하는 것에 그치는 것을 경계하기 위하여 형사소송법의 근본원리를 이해하는데 기초를 적용하고자 하는 것이다. 그러한 기본원리의 이해는 궁극적으로 문제해결을 위한 자기제한적 한계를 찾아가는 법률전문가로서의 길을 가는데 있어서 놓치지 말아야할 가치규범을 형성할 수 있다는 점에서 대단히 중요하다.

실정법적인 규정을 찾고, 그리고 그 문제점에 대하여 해결을 위한 판례와 학설을 그것을 검토하여 문제해결을 하는 것은 중요하지만 그 문제해결의 근간에는 자신이 가지고 있는 형사소송법에 대한 기본원리를 숙지하여 자기의 법학적 기초를 이룩하는 것을 기대하고 형사소송법의 기초와 기본원리를 먼저알고 형사소송법을 공부하게 된다면 근본적인 물음을 해결하는데 도움이 될 것이라고 생각된다.

특히, 수사개시권과 수사종결권이 수사경찰에게 있게 된 지금의 형사절차에서 형사소송법에 대한 기본법리의 이해는 수사를 담당하는 경찰관의 입장에서 더욱 심도있는 이해가 필요하다.

따라서 앞으로 독립수사청의 전개가 어떤 방향을 가질지 알 수 없지만, 형사소송법에 대한 숙련도는 어떤 분야보다 중요성이 높아질 것이다.

⟨형사소송 절차에 대한 기본적 이해⟩

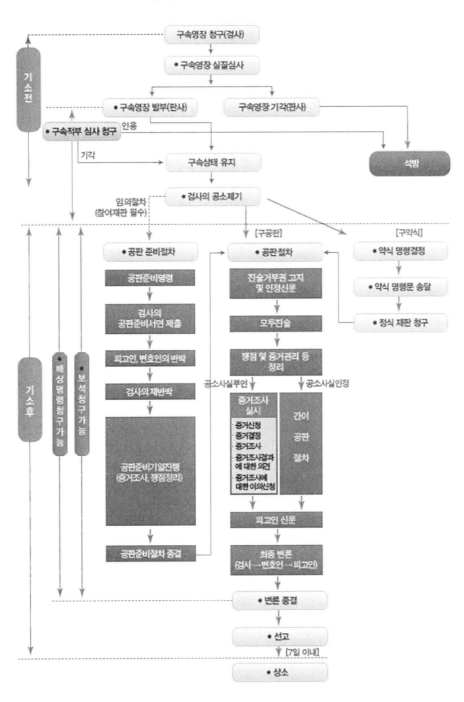

제2장 형사소송법의 기초

제1절 형사소송법의 의의

1. 형소소송법의 개념

- 형사소송법[1]이란 형법의 구체적인 실현을 목적으로 하는 형사절차를 규정한 법이다.
- 형법이 범죄와 형사제재를 규정한 실체법이라면 이를 구체적 사건에 적용하기 위한 절차를 규정한 절차법이다.
- (형법과 긴밀한 관계) 긴급체포

> **제200조의3(긴급체포)** ① 검사 또는 사법경찰관은 피의자가 사형·무기 또는 장기 3년이상의 징역이나 금고에 해당하는 죄를 범하였다고 의심할 만한 상당한 이유가 있고, 다음 각 호의 어느 하나에 해당하는 사유가 있는 경우에 긴급을 요하여 지방법원판사의 체포영장을 받을 수 없는 때에는 그 사유를 알리고 영장없이 피의자를 체포할 수 있다. 이 경우 긴급을 요한다 함은 피의자를 우연히 발견한 경우등과 같이 체포영장을 받을 시간적 여유가 없는 때를 말한다. 〈개정 2007.6.1.〉
>
> 1. 피의자가 증거를 인멸할 염려가 있는 때
>
> 2. 피의자가 도망하거나 도망할 우려가 있는 때
>
> ② 사법경찰관이 제1항의 규정에 의하여 피의자를 체포한 경우에는 즉시 검사의 승인을 얻어야 한다.
>
> ③ 검사 또는 사법경찰관은 제1항의 규정에 의하여 피의자를 체포한 경우에는 즉시 긴급체포서를 작성하여야 한다.
>
> ④ 제3항의 규정에 의한 긴급체포서에는 범죄사실의 요지, 긴급체포의 사유등을 기재하여야 한다. [본조신설 1995.12.29.]
>
> 제12조 ① 모든 국민은 신체의 자유를 가진다. 누구든지 법률에 의하지 아니하고는

---

[1] 형사소송에서 소송이란 엄격하게 말하면 공판절차만을 의미하고, 형사소송법에서 논의되는 것이 수사와 공판절차, 형의 집행절차를 포함하고 있으므로 형사절차라고 하는 것이 적절하다는 지적이 있다(강구진, 형소소송법, 4면). 그러나 이러한 주장은 큰 논의의 실익이 존재하지 않는다고 본다.

체포·구속·압수·수색 또는 심문을 받지 아니하며, 법률과 적법한 절차에 의하지 아니하고는 처벌·보안처분 또는 강제노역을 받지 아니한다./형사절차법정주의, 적정절차원리

② 모든 국민은 고문을 받지 아니하며, 형사상 자기에게 불리한 진술을 강요당하지 아니한다./ 241조형소법

③ 체포·구속·압수 또는 수색을 할 때에는 적법한 절차에 따라 검사의 신청에 의하여 법관이 발부한 영장을 제시하여야 한다. 다만, 현행범인인 경우와 장기 3년 이상의 형에 해당하는 죄를 범하고 도피 또는 증거인멸의 염려가 있을 때에는 사후에 영장을 청구할 수 있다./

④ 누구든지 체포 또는 구속을 당한 때에는 즉시 변호인의 조력을 받을 권리를 가진다. 다만, 형사피고인이 스스로 변호인을 구할 수 없을 때에는 법률이 정하는 바에 의하여 국가가 변호인을 붙인다./국선변호인/형사소송법 33조

⑤ 누구든지 체포 또는 구속의 이유와 변호인의 조력을 받을 권리가 있음을 고지받지 아니하고는 체포 또는 구속을 당하지 아니한다. 체포 또는 구속을 당한 자의 가족등 법률이 정하는 자에게는 그 이유와 일시·장소가 지체없이 통지되어야 한다.

⑥ 누구든지 체포 또는 구속을 당한 때에는 적부의 심사를 법원에 청구할 권리를 가진다.

⑦ 피고인의 자백이 고문·폭행·협박·구속의 부당한 장기화 또는 기망 기타의 방법에 의하여 자의로 진술된 것이 아니라고 인정될 때 또는 정식재판에 있어서 피고인의 자백이 그에게 불리한 유일한 증거일 때에는 이를 유죄의 증거로 삼거나 이를 이유로 처벌할 수 없다./ 309조/310조

제27조 ① 모든 국민은 헌법과 법률이 정한 법관에 의하여 법률에 의한 재판을 받을 권리를 가진다.

② 군인 또는 군무원이 아닌 국민은 대한민국의 영역안에서는 중대한 군사상 기밀·초병·초소·유독음식물공급·포로·군용물에 관한 죄중 법률이 정한 경우와 비상계엄이 선포된 경우를 제외하고는 군사법원의 재판을 받지 아니한다.

③ 모든 국민은 신속한 재판을 받을 권리를 가진다. 형사피고인은 상당한 이유가 없는 한 지체없이 공개재판을 받을 권리를 가진다.

④ 형사피고인은 유죄의 판결이 확정될 때까지는 무죄로 추정된다.

⑤ 형사피해자는 법률이 정하는 바에 의하여 당해 사건의 재판절차에서 진술할 수 있다./294조의2

형법 제347조(사기) ① 사람을 기망하여 재물의 교부를 받거나 재산상의 이익을 취득한 자는 10년 이하의 징역 또는 2천만원 이하의 벌금에 처한다. 〈개정 1995.12.29.〉

② 전항의 방법으로 제삼자로 하여금 재물의 교부를 받게 하거나 재산상의 이익을

취득하게 한 때에도 전항의 형과 같다.

제42조(징역 또는 금고의 기간) 징역 또는 금고는 무기 또는 유기로 하고 유기는 1개월 이상 30년 이하로 한다. 단, 유기징역 또는 유기금고에 대하여 형을 가중하는 때에는 50년까지로 한다. 〈개정 2010.4.15.〉

- 형사소송법이라는 적정절차원리를 통하여 실체적 진실발견이 가능하게 하는 법치국가적 규범으로서 독자적인 존재의의를 가지고 있다.
- 형사절차는 수사절차, 공판절차, 형집행절차를 포함한다.

2. 형사소송법의 성격

- 형사법분야의 절차법이면서 사법법(司法法)이다.
- 법치주의에 기초한 공법이다.[2]
- 재판법으로 법적안정성을 중시한다.[3] 다만, 형사소송법은 절차의 동적, 발전적 성격으로 인하여 절차단계에서 차이가 있다. 예를 들어 수사절차는 절차의 명확성과 함께 합목적성이 강하게 요구된다.
- 형사법으로 배분적 정의가 지배하고 또한 윤리적, 정치적 색채가 강하다.[4]
- 절차법은 동적·발전적 법률로서의 특성을 가진다.[5]

3. 형사절차법정주의

- 수사절차, 공판절차, 형집행절차인 형사절차는 국회에서 제정, 공포된 법률로 정한다는 원칙을 의미한다.
- 형사절차법정주의에 의해 우리 헌법 제12조 1항은 「누구든지 법률에 의하지 아니하고는 체포·구속·압수 또는 심문을 받지 아니하며, 법률과 적법한 절차에 의하지 아니하고는 처벌·보안처분·또는 강제노역을 받지 아니한다」고 규정하고 있다.
- 헌법 제27조 제1항에 "모든 국민은 헌법과 법률이 정한 법관에 의하여

---

2) 사법은 사적자치에 기초하고 있다.
3) 합목적성을 중시하는 공법인 행정법과 구별된다.
4) 민사법은 평균적 정의가 지배한다.
5) 실체법은 정적인 특성을 가진다.

법률에 의한 재판을 받을 권리를 가진다"는 규정

- 헌법 제37조 제2항 "국민의 모든 자유와 권리는 국가안전보장·질서유지 또는 공공복리를 위하여 필요한 경우에 한하여 법률로써 제한할 수 있으며, 제한하는 경우에도 자유와 권리의 본질적인 내용을 침해할 수 없다." 규정 등이 형사절차법정주의의 근거가 된다.

제3장 형사소송법의 법원

제1절 법원

1. 헌법: 12조, 13조, 27조, 28조 이하 등[6]

2. 법률

1) 형식적의미의 형사소송법

- 1954년 형사소송법전

2) 실질적 의미의 형사소송법

- 조직에 관한 법률: 법원조직법, 검찰청법, 변호사법, 경찰관직무집행법 등
- 특별절차에 관한 법률: 소년법, 즉결심판에 관한 절차법, 군사법원법, 치료감호법, 조세범처벌절차법, 보호관찰 등에 관한 법률 등이다.
- 소송비용 등에 관한 법률/공시송달
- 기타: 국가보안법, 관세법, 사면법, 형사보상법, 형의 실효 등에 관한 법률, 형의 집행 및 수용자의 처우에 관한 법률 등[7]

3. 규칙

- 대법원규칙
- 헌법 제108조: 대법원은 법률에서 저촉되지 아니하는 범위안에서 소송에 관한 절차, 법원의 내부규율과 사무처리에 관한 규칙을 제정할 수 있다고 규정

---

6) 헌법적형사송관이라는 주장이 있다.
7) 주의) 경범죄처벌법, 범죄피해자구조법은 형사절차를 규정한 법이 아니어서 형사절차법이 아니다.

- 이에 관하여 순수한 기술적인 사항만을 규정할 수 있다고 보는 것이 타당하다는 견해[8]
- 대법원 예규는 소송관계인의 직접적인 권리 의무에 영향을 미쳐서 형사절차를 규율하는 효과가 없어 법원성 인정된다고 볼 수 없다[9]
- 사법경찰관리집무규칙, 검찰사건사무규칙, 수사기관의 내부규칙은 직접적인 법원이 되지 못한다.

  형사소송규칙 141조 (석명권등) ① 재판장은 소송관계를 명료하게 하기 위하여 검사, <u>피고인 또는 변호인에게 사실상과 법률상의 사항에 관하여 석명을 구하거나 입증을 촉구할 수 있다.</u>

제2절 **적용범위**

1. 장소적 적용범위
- 대한민국법원에서 심판하는 사건에 대해서만 적용되는 것이 원칙이지만, 우리나라 영사재판권이 미치는 범위내에서는 우리 형소법이 적용된다.

2. 시간적 적용범위
- 형사소송법은 형법과 달리 소급효금지원칙이 적용되지 않는 것이 원칙이기 때문에 신법이 적용되지만, 보통의 경우에는 경과규정을 부칙에 두는 것이 일반적이다.

3. 인적 적용범위
- 대통령(헌법 84조)의 예외
- 국회의원: 45조와 44조 현행범의 경우를 제외하고 회기중 국회의 동의 없이 체포 또는 구금되지 않는다.
- 외국의원수와 그 가족 및 대한민국 국민이 아닌 수행원, 신임받은 외국의 사절, 직원 및 가족 및 외국의 군인: 통상 외교사절의 면책특권

---

8) 신동운, 신양균, 이재상, 정영석/이형국, 정웅석/백승민, 이은모.
9) 신동운, 이은모

제3절 **형사소송법의 역사**

　형사소송법을 올바로 이해하려면 무엇보다도 그 역사적인 성격을 파악하고 각 규정의 이면에 내포하고 있는 역사적 의미를 명백하게 이해함으로서 형사소송법의 근본정신을 파악하여 각 규정의 해석과 적용에 토대가 되어야 한다는 것은 중요한 문제이다.

　우리나라의 형사소송법을 이해하는데 있어서 우리나라 고대의 형사소송제도에 대한 이해가 있어야 할 것이지만 형사소송법도 다른 법과 마찬가지로 서구의 법을 계수한 것이기 때문에 먼저 서구의 형사소송법을 고찰하지 않을 수 없을 것이다.

1. 대륙법과 영미법

　서구의 법체계는 대륙법계와 영미법계로 나누고 형사소송법에서도 직권주의를 취한 대륙법계와 당사주의적인 특징을 가진 영미법계로 나눈다. 다만 18세기말에서 19세기에 걸쳐서 대륙법계의 형사소송제도가 영미법계의 그것에 의하여 중 영향을 받아 많은 변화에도 불구하고 여전히 독자적인 특징이 존재한다.

2. 우리나라의 연혁

1) 조선시대 이전

　주로 불문법의 형태를 취한 조선시대 이전에는 형사절차에 관한 명백한 자료는 없으나, 민중재판이 행해졌을 것으로 짐작된다. 가혹한 고문이 행하여졌지만, 대체로 복수보다는 배상의 색체가 농후하였을 것이다.

　4세기 이후 삼국시대는 중국에서 율령이 수입되어 사형제도와 같은 국가적 형벌제도가 확립되게 되었다. 그러나 여전히 행정과 사법의 미분화는 물론 재판에서 규문적 절차를 취하고 가혹한 고문이 행하여 졌다. 고려 성종이후 당률이 계수되면서 형조의 직권주의가 행하여 졌고 고려 말에 이르러 자발적인 입법이 논의되었으나 시행되지는 못하였다.

2) 조선시대 이후

조선시대이후에는 대명률을 기초로 하여 만든 경국대전과 속대전을 사용하고 있었으므로 우리 형전에 특별한 규정이 없는 경우에는 명률에 따르기로 되어 있었다.

이 시대에도 고문과 규문주의적인 색체가 농후하였지만 고문의 방법이나 횟수의 제한을 두어 어느 정도는 발전된 형사절차의 모습을 보였다. 그리고 살인사건의 경우에 검시제도 도입되기도 하였다.

1894년 갑오경장을 계기로 서구의 자유주의, 계몽주의 사상의 영향으로 조선시대 법제는 일대 변혁을 맞이하였고, 서양법제의 영향을 받고 새로이 제정된 형법대전이 있었으나 이 역시도 명률의 범주를 벗어나지 못하였고 새로운 입법의 과정에서 일제의 강점이 있었고 이로 말미암아 신법전은 성립되지 못하였다.

3) 구미법을 계승한 이후의 연혁

현대적 형사소송법은 1911년 조선총독부 제령제11호[조선형사령]을 제정시행한 때로부터, 대륙법계통을 계수한 일본형사소송법을 의용하였다. 일본형사소송법이 독일의 법을 모방한 것이기 때문에 대륙법계의 직권주의를 특징으로 하였는데, 이러한 직권주의적인 색체는 식민지 치하에서는 더욱 강력하게 시행되었다.

1945년 해방이후 1948년 4월에 이르러서는 미군정령 제176호[형사소송법으로 개정]로서 영미의 인권존중과 개인의 자유보장을 주로하는 당사자주의적 소송구조를 도입하여 종래의 대륙적인 직권주의에 당사자주의적인 요소를 보충하기에 이르렀다.

4) 형사소송법의 제정과 개정

1954년 9월 23일 공포되고 시행된 형사소송법은 20여차례의 개정을 거쳤다. 그 중에 1995년과 2007년의 개정이 중요하다.

1. 피의자의 방어권 보장을 위하여
   ① 변호인의 피의자신문 참여권을 인정함(제243조의 2)
   ② 수사기관의 피의자신문에 앞서 고지하여야할 진술거부권의 내용을 구체화함(제244조의 3)
   ③ 수사과정을 기록하게 하여 절차의 적법성을 보장하고자 함(제244조의 4)

2. 인신구속제도를 개선하기 위하여
   ① 구속사유를 심사할 때 범죄의 중대성과 재범의 위험성 등을 고려하도록 함(제70조 2항)② 구인후 유치제도를 신설함(제71조의 2)
   ③ 긴급체포 후 피의자를 석방한 경우에는 석방사유 등을 법원에 통지하도록 함(제200조의 4 제4항)
   ④ 충실한 심리를 위하여 법정구속기간을 완화함(제92조)
   ⑤ 보석조건을 다양화하여 서약서제출·피해공탁 또는 담보제출에 의한 보석을 도입하고(제98조)
   ⑥ 구속전 피의자심문을 필요전 심문으로 변경함(제201조의 2)
   ⑦ 체포·구속적부심사의 대상을 모든 유형의 체포·구속된 자로 확대함(제214조의 2)
   ⑧ 긴급체포시의 압수·수색·검증의 요건으로 긴급성을 요구하면서 영장없이 압수·수색·검증할 수 있는 시한을 24시간으로 축소하고, 계속 압수할 필요가 있는 경우에 사후에 압수·수색영장을 받도록 함(제217조)

3. 재정신청사건의 전면 확대를 위하여
   ① 재정신청의 대상범죄를 모든 범죄로 확대하면서 신청인을 고소인으로 제한함(제260조 1항)
   ② 재정신청을 위하여 원칙적으로 검찰항고를 거치게 함(동조 제2항)

③ 재정법원의 공소제기명령이 있는 때에는 검사가 공소를 제기하게 함
(제262조 6항)

4. 공판중심주의적 법정심리절차를 확립하기 위하여
① 공판준비절차와 증거개시제도를 도입함(제266조의 3부터 266조의 16)
② 집중심리 및 즉일선고의 원칙과 구두변론주의를 천명함(제267조의 2, 318조의 4, 275조의 3)
③ 공판정의 좌석과 피고인신문의 순서를 변경함(제275조 3항, 제296조의 2 제1항).
④ 불출석 증인에 대한 제재를 강화함(제151조)

5. 증거법체계를 정비하여
① 위법수집증거 배제법칙을 명문화함(제308조의 2)
② 검사작성의 피의자신문조서의 성립의 진정을 피고인의 진술 이외에 영상녹화물 기타 객관적 방법으로 증명할 수 있도록 함(제244조의2)
③ 참고인 진술조서의 증거능력도 조서의 진성성립이 원진술자의 진술 또는 영상녹화물 기타 객관적 방법으로 증명되고, 피고인의 반대신문 기회가 보장되며, 특신상태가 증명된 경우에 인정함(제312조 4항)
④ 조사자 증언제도를 도입함(제316조 1항)
⑤ 피의자와 참고인 진술의 영상녹화제도를 도입하고 피고인 또는 피고인 아닌 자의 기억을 환기시킬 필요가 있다고 인정되는 때에는 영상녹화물을 증거로 사용할 수 있게 함(제318조의 2 제2항)

6. 국민의 형사재판 참여에 관한 법률이 공포 시행되어 형사재판에 있어 배심원제도가 도입된 점이 중요한 변화의 하나임.: 국민의 사법참여를 통하여 사법의 민주적 정당성을 강화하기 위한 전기를 마련함

7. 2009년 개정
「청소년의 성보호에 관한 법률」에서 「아동·청소년의 성보호에 관한 법

률」로 개정하여 아동도 이 법에 따른 보호대상임을 명확히 하고, 아동·청소년을 대상으로 한 유사 성교 행위 및 성매수 유인행위 처벌 규정을 신설하며, 성범죄 피해자 및 보호자에 대한 합의 강요행위를 처벌하는 규정을 신설하도록 하여 아동·청소년의 성보호를 더욱 강화하는 한편, 아동·청소년 성범죄자는 재범가능성 및 범죄의 경중 등을 고려하여 정보통신망을 통하여 신상정보를 공개하도록 함으로써 아동·청소년 성범죄에 대한 경각심을 제고하고, 양벌규정을 보완하며, 의무의 실효성 확보를 위한 과태료를 신설하는 등 제도 전반의 미비점을 개선하고 보완.

8. 2011년 일부개정

◇ 개정이유

수사기관의 책임감을 높이고, 피의자·피고인의 인권침해를 최소화하며, 수사현실과 법률규정이 부합하도록 현행법을 정비하는 한편, 누구든지 확정된 형사사건의 판결서와 증거목록 등을 인터넷 등 전자적 방법으로도 열람 및 등사할 수 있도록 함으로써 판결서 등에 대한 접근성을 높여 재판의 공개 원칙이 실질적으로 보장되도록 하려는 것임.

◇ 주요내용

가. 누구든지 확정된 형사사건의 판결서와 증거목록 등을 인터넷 등으로 열람·등사할 수 있도록 하되, 판결서 등에 기재된 개인정보가 공개되지 않도록 보호조치를 하도록 함(안 제59조의3 신설).

나. 법원의 압수·수색의 요건에 피고사건과의 관련성을 추가함(안 제106조 제1항, 제107조, 제109조).

다. 정보저장매체등에 관한 압수의 범위와 방법을 명시하고, 정보주체에게 해당 사실을 알리도록 하며, 영장에는 작성기간을 기재토록 명시하는 등 전기통신관련 압수·수색제도를 보완함(안 제106조 제3항·제4항, 제114조 제1항).

라. 사법경찰관의 수사개시권과 사법경찰관에 대한 검사의 수사지휘권을 명시함(안 제196조).

마. 수사기관의 압수·수색·검증의 요건에 피고사건과의 관련성과 피의자가 죄를 범하였다고 의심할만한 정황이 있을 것을 추가함(안 제215조).

바. 압수물의 소유자, 소지자 등의 신청이 있을 경우 수사기관이 압수물을 환부 또는 가환부할 수 있도록 하고, 기존의 준용규정을 정비함(안 제218조의2, 제219조).

사. 재정신청의 대상을 형법 제126조의 죄에 대한 고발사건까지 확대하되 피공표자의 명시한 의사에 반하여는 할 수 없도록 단서를 둠(안 제260조 제1항).

제4장 형사소송의 이론적 기초

제1절 형사소송법의 성격

형사소송법의 성격에 관하여 첫째, 국가법질서 전체를 입법법, 사법법, 행정법으로 나누면 형사소송법은 재판에 관한 법규이므로 사법법(司法法)에 속한다.

둘째, 형사소송법의 성격이 사법법인 까닭에 재판의 권위를 유지하기 위하여 법적안정성을 주된 성격으로 한다.[10]

셋째, 형사법과 민사법으로 구별한 때 형사법은 민사법에 비하여 정치적 성격이 현저히 강하다. 민사재판은 사인간 또는 부분간의 균형적 정의실현(평균적 정의)을 목적으로 하고, 형사재판은 국가와 개인 또는 전체와 부분간의 부분적 정의실현(배분적 정의)을 목적으로 한다.

넷째, 형사소송법이 형법의 구체적인 실현을 목적으로 하는 절차를 규정한 법이다. 따라서 국가사법법이라는 공통점이 있으나 형법은 사실적이고 일반적, 정적인 특성을 지닌 실체법이고, 형사소송법은 방법적이며, 개별적, 동적인 성격을 지닌 실체법으로 전자는 도의적, 윤리적 성격이 강하고, 후자는 기술적 성격이 강하다.

제2절 형사소송법의 목적과 구조

I. 형사소송법의 목적

형사사건에서 공공의 복리와 인권의 보장을 하면서 사건의 진상을 명백하게 하여 적정하고 신속하게 범죄인을 가려내어서 적절한 형을 정하여 사회의

---

10) 형사절차를 크게 수사절차와 공판절차로 나눌 수 있는데 공판절차는 법적안정성이 수사절차는 합목적성이 강조된다고 할 수 있다.

악인 범죄를 진압하려는 것이 궁극적이 목적이다.

소송의 목적과 관련하여 첫째, 소송의 실체면에서 파악하면 객관적으로 범죄의 진상을 파악하여 형벌법규의 적정절차원리·신속한 재판의 원리를 목적으로 하고, 둘째, 소송의 절차면과 관련하여 공공의 질서유지와 개인의 기본적 인권의 보장이라는 형식상의 목적이 있다.

Ⅱ. 형사소송이념 상호간의 관계

1) 형사소송의 목적은 실체적 진실발견에 있고 적정절차와 신속한 재판은 이 목적 달성을 위한 수단으로 이해하는 견해가 있다(목적수단관계설). [11]: 헌법적 형사소송관을 중시하는 견지에서 보면 적정절차 및 신속한 재판이 우선하는 것으로 보게 된다.

2) 실체진실주의와 함께 형사소송의 목적원리로 파악되어야 한다는 견해(이원적 목적설)[12]

   – 편파적인 재판의 우려가 있는 법관을 배제하는 제도(17조에서 24조)
   – 예단배제를 위한 공소장일본주의(규칙 118조 2항)
   – 전문법칙, 자백보강법칙 등은 진실발견을 위한 제도

Ⅲ. 형사소송법의 목적(이념)

1. 실체적 진실주의

1) 의의: 실체적 진실주의라 함은 객관적으로 사안의 진상을 규명하여 진실로 죄가 있는 자를 유죄로 하고 죄 없는 자를 무죄로 하는 원칙을 말한다.

2) 구별개념
   민사소송은 형식적 진실주의를 추구하고, 분쟁해결을 위한 당사자 처분권주의를 인정하지만 형사소송은 실체적 진실을 추구하고 기소사실인부제도 등을 인정하지 않는다.

---

11) 백형구, 형사소송법강의, 박영사, 33면.
12) 강구진, 30면; 이은모, 형사소송법, 15면 이하.

- 피고인이 공판정에서 자백한 경우에도 자백의 진실성을 담보할 수 있는 보강증거가 있어야 유죄의 인정이 가능하다(310조).

3) 소송구조와 실체적 진실주의와의 관계

가. 직권주의를 전제하는 실체적 진실주의가 당사자주의와 조화될 수 있는지가 문제된다.

나. 당사자주의[13]도 실체적진실주의와 모순되지 않는다는 견해[14](종래의 다수설)와 순수한 당사자주의는 실체적 진실주의에 반하므로 직권주의와의 결합이 불가피다는 견해가 있다.[15]

- 어느 소송구조에 의하여도 실체적 진실발견의 가치를 외면하기는 어려울 것이다.

4) 실체진실주의의 내용

가. 적극적실체진실주의: 유죄자 필벌

나. 소극적 실체진실주의: 무죄자 방면이라는 무죄추정원리 강조[16].

다. 양자의 관계: 영미의 당사자주의를 기반으로 한 역사적 의미를 가질 뿐 별다른 구별의 실익은 없다는 주장도 있다.[17] 그러나 헌법적 요청인 무죄추정의 원칙(275조의2)/ 자백배제법칙(309조)/ 위법수집증거배제법칙(308조의2)/ 자백보강법칙(310조) 전문법칙(310조의2) 등을 규정하고 있는 것에 근거한 소극적 실체적 진실주의는 의미가 있고, 양자가 대립할 경우에 소극적 진실주의를 우선시켜야 할 것이다.

라. 제도적 구현

가) 수사절차: 검사의 객관의무와 변호인의 진실의무를 인정하는 것도 실체적 진실주의를 구현하기 위함

나) 공소제기단계: 공소장변경, 법원의 공소장변경요구제도

---

13) 당사자주의가 실체적 진신주의와 조화되기 위해서는 무기평등원칙이 전제되어야 한다.
14) 백형구, 강의, 32면; 차용석, 형사소송법, 57면.
15) 이재상, 형사소송법, 23면.
16) 무죄추정의 원칙과 관련된 것은 형법 19조 동시범처벌규정이 예라고 할 수 있다.
17) 이재상, 형사소송법, 24면.

다) 공판단계: 법원의 증인과 피고인에 대한 신문(제161조의 2), <u>직권증거조사</u>(제295조)[18], 상호신문제도, 증거법칙[19].

라) 상소와 재심을 통한 불복, 비상상고(공익을 위한 상고)[20]

5) 실체진실주의의 한계

   가. 이념상의 한계: 적정절차와 신속한 재판의 이념에 의하여 제약된다.

   나. 사실상의 한계: 법관의 주관적인 확신과 고도의 개연성에 의존할 수 밖에 없다.

   다. 초소송법적 이익에 의한 한계: 군사상, 공무상 또는 업무상 비밀에 대한 압수·수색의 제한(제110조부터112조), 공무상 또는 업무상 비밀에 속하는 사항, 근친자의 형사책임에 불이익한 사항에 대한 증언을 거부할 수 있도록 규정함(제147조부터 149조): <u>실체적 진실 발견이라는 형사소송법상의 이익보다는 다른 국가적, 사회적, 개인적 이익에 우위를 인정한 것이라 할 수 있다.</u>

6) 평가

   가. 적정절차원리와 조화를 이루어야 한다.

   나. 재심사유는 기판력을 배제하고 실체적 진실을 추구하는 취지를 가진다.

2. 적정절차의 원리

1) 적정절차원리의 의의 및 기능

우리 헌법 제12조 1항, 헌법정신을 구현한 공정한 법정절차에 의하여 형벌권이 실현되어야 한다는 원칙을 말한다. 보충적 재판규범, 해석방향

---

18) 직권증거조사는 법원의 권한에 그치는 것이 아니라 의무라고 해석하는 주장도 있다(이재상, 24면)./권한의무설에 의하면 의무를 다하지 않은 경우 심리미진의 위법이 있어 항소이유.

19) 엄격한 증명을 요하는 증거재판주의(제307조), 자유심증주의(308조), 임의성 없는 자백(제309조)이나 전문증거의 증거능력을 배제하는 것(제310조의 2), 자백의 보강법칙(제310조).

20) 확정판결이 그 심판의 법령위반을 이유로 허용되는 비상구제절차이다. 신청권자가 검찰 총장에 제한되고, 관할법원은 대법원, 판결의 효력은 원칙적으로 피고인에게 미치지 않는다.

의 설정, 입법방침을 정하는 기능을 한다.

- 헌법재판소는 '공권력에 의한 국민의 생명, 자유, 재산의 침해는 반드시 합리적이고 정당한 법률에 의거해서 정당한 절차를 밟은 경우에만 유효하다는 원리'라고 정의함.
- 12조 2항: 묵비권 및 고문금지/ 3항 영장주의. 4항, 변호인의 조력을 받을 권리/6항 체포, 구속적부심사제도/27조 3항 신속한 공개재판을 받을 권리/4항 무죄추정의 원칙
- 연혁적으로 영국의 마그나카르타에서 찾아볼 수 있다.
- 1791 미국의 수정헌법 제 5조 "누구든지 법의 적정절차에 의하지 아니하고는 생명, 자유, 재산을 침해받지 아니한다."라고 규정
- 대륙법계도 당연한 법치국가원리로 인정

2) 적정절차원리의 내용

- 인간의 존엄과 가치를 인정하고 형사피고인의 기본권을 보장하는 절차하에서 국가형벌권이 실현되어야 한다는 원리를 말한다.
- 영미법에서 '적정절차의 원칙'이라 표현하고 대륙법계에서는 '사법정형성(Justizfoermigkeit)의 원칙'이라고 한다.
- 형사절차의 요구를 최소한을 구비한 절차
- 절차없는 자유와 정의가 없다는

가. 공정한 재판의 원칙

가) 공평한 법원의 구성: 제척, 기피, 회피제도, 제15조에 의한 관할이전, 공소장 일본주의, 탄핵주의[21]

- 방어권보장을 위하여 공소장부본을 송달받을 권리(266조)/ 1회공판기일의 유예기간(269조)/ 소송서류 및 증거물에 대한 열람등사권(35조)

---

21) **탄핵주의라 함은 재판기관인 법원이 재판기관 이외의 자(원고)의 소추에 의하여 재판절차가 개시하는 주의를 말한다.** 탄핵주의에 있어서도 국가기관인 검사만이 원고로서 소추하는 국가소추주의와 피해자 또는 기 친족을 원고로 하는 피해자소추주의 또는 일반 대중이 원고로 되어 소추할 수 있는 대중소추주의라고 하는 사인소추주의가 있다. 우리 형사소송법의 입장은 공소는 검사가 제기하여 수행한다.

나) 피고인의 방어권보장: 피고인의 공판정출석권(276조), 피고인의 진술권(286조) 및 진술거부권(289조), 압수, 수색 등에의 참여권(121조와 219조)/증거신청권(294조)증거보전청구권(184조)

다) 실질적 당사자주의실현(무기평 등의 원칙): 변호인의 조력을 받을 권리, 국선변호인제도, 당사자 출석권, 참여권의 문제/검사의 객관의무

나. 비례성의 원칙

가) 의의: 적합성, 필요성, 상당성/ 목적과 수단, 목표와 방법, 침해와 공익사이의 비례가 유지되어야 한다.

나) 기능: 강제처분이 법적으로 허용되는 경우에도 한계를 지우는 기능을 한다.

  − 우리 형소법 제199조 1항 " 수사에 관하여 그 목적을 달성하기 위하여 필요한 조사를 할 수 있다. 다만, 강제처분은 이 법률에 특별한 규정이 있는 경우에 한하며, 필요한 최소한도의 범위 안에서 하여야 한다.고 하여 명문으로 이 원칙을 규정하고 있다.

다. 형사사법기관의 후견의무(피고인보호의 원칙)

  − 자유민주적 기본질서와 사회민주적 기본질서의 총합개념

  − 피고인 보호를 위하여 진술거부권과 범죄사실의 고지 등 각종의 고지의무가 규정되어 있다(피고인에 대한 진술거부권고지(제283조의2 제2항), 증거조사결과에 대한 의견과 증거조사신청에 대한 고지(제293조), 상소에 대한 고지(제324조), 신체 구금시 범죄사실에 대한 요지와 신체구속의 이유 및 변호인선임에 대한 고지(제72조.200조의5, 209조)).

  − 증언거부권의 고지(160조)/ 상소에 대한 고지(324조)

  − 피고인에 대한 보호의무는 법원뿐만 아니라 수사기관에게도 인정된다.

  − 피고인뿐만 아니라 증인에게도 인정되는 원칙이다.

  − 보호의무위반으로 방어권이 침해된 때에는 항소 또는 상고이유가 된다(제383조 1호)[22]./ 신동운 교수는 헌법에 위반한 경우도

상대적 항소이유로 보는 것은 입법론상의 문제가 있다는 지적을 함.

3) 적정절차위반의 효과
- 위법수집증거배제법칙에 의한 증거능력 배제(수사절차의 위법성)308조의2로 명문화하고 영장주의에 위반하여 수집된 증거의 증거능력을 부정함.
- 항소(제361조의 5), 상고(제383조)이유가 된다(공판절차의 위법).
- 헌법소원 및 위헌법률심판의 제청: 적정절차원리는 헌법상의 원리로 위반이 있는 경우에 헌법재판소에 심판을 청구할 수 있다.
- 국가배상청구
- 형법상 불법감금죄 등의 성립: 수사기관의 적정절차 위반 행위
- 소송행위의 무효의 원인:

---

22) 제361조의5 (항소이유) 다음 사유가 있을 경우에는 원심판결에 대한 항소이유로 할 수 있다. [개정 63·12·13]
1. 판결에 영향을 미친 헌법·법률·명령 또는 규칙의 위반이 있는 때
2. 판결후 형의 폐지나 변경 또는 사면이 있는 때
3. 관할 또는 관할위반의 인정이 법률에 위반한 때
4. 판결법원의 구성이 법률에 위반한 때
5. 및 6. 삭제 [63·12·13]
7. 법률상 그 재판에 관여하지 못할 판사가 그 사건의 심판에 관여한 때
8. 사건의 심리에 관여하지 아니한 판사가 그 사건의 판결에 관여한 때
9. 공판의 공개에 관한 규정에 위반한 때
10. 삭제 [63·12·13]
11. 판결에 이유를 붙이지 아니하거나 이유에 모순이 있는 때
12. 삭제 [63·12·13]
13. 재심청구의 사유가 있는 때
14. 사실의 오인이 있어 판결에 영향을 미칠 때
15. 형의 양정이 부당하다고 인정할 사유가 있는 때[본조신설 61·9·1]
제383조 (상고이유) 다음 사유가 있을 경우에는 원심판결에 대한 상고이유로 할 수 있다. [개정 63·12·13]/상대적항소
1. 판결에 영향을 미친 헌법·법률·명령 또는 규칙의 위반이 있을 때
2. 판결후 형의 폐지나 변경 또는 사면이 있는 때
3. 재심청구의 사유가 있는 때
4. 사형, 무기 또는 10년이상의 징역이나 금고가 선고된 사건에 있어서 중대한 사실의 오인이 있어 판결에 영향을 미친 때 또는 형의 양정이 심히 부당하다고 인정할 현저한 사유가 있는 때 [전문개정 61·9·1]

3. 신속한 재판의 원칙

가. 신속한 재판의 원칙의 의의

헌법 제27조 3항에서 공판절차는 신속하게 진행되어야 하며 지연되어서는 안된다는 원칙을 말한다. 처음에는 적정절차 특히 피고인 보호원칙의 내용으로 이해되었던 것을 독립적인 지도이념으로 이해하고 있다.[23]

나. 신속한 재판의 필요성(2중성보호)

1) 피고인의 이익을 보호[24]하기 위한 것이 주된 이유
   - 재판전 부당한 장기구금의 방지/피고인지위에 기한 사회적 비난의 최소화/ 증거자료의 현실감 유지하여 효과적인 방어
2) 공익보호(증거의 멸실이나 왜곡의 방지)[25]를 목적으로 한다.
   - 실체적 진실발견, 소송경제, 재판에 대한 국민의 신뢰확보, 형벌의 목적달성 등

다. 신속한 재판의 내용

1) 수사와 공소제기의 신속
   - 검사에게 수사권을 집중시킨 것(195조), 수사기관의 구속기간을 제한(202조,203조), 기소편의주의(제247조), 공소시효(제249조)[26] 등
2) 공판절차의 신속한 진행
   - 공판준비절차[27], 심판범위의 한정(공소사실에 기재된 공소사실에 한

---

23) 이재상, 형사소송법, 30면.
24) 미국의 스미스(Smith)사건에서 재판전 피고인에 대한 부당한 장기구금을 방지, 재판이 진행되는 동안 불안과 일반의 비난 최소화, 방어권의 보장이라는 형사소송법상의 요구를 충족하는 것(이재상, 소송법, 30면).
25) 실체적진실발견, 소송경제, 재판에 대한 국민의 신뢰와 형벌목적의 달성이라는 공익보호.
26) 일정기간 동안 공소제기를 하지 않으면 공소권 행사를 할 수 없게 되는 것을 말한다. 제249조 2항의 이른바 '의제공소시효제도'는 법원의 사건방치를 방지한다는 의미에서 신속한 재판의 이념과 일치된다는 주장(신동운, 형사소송법, 553면; 정영석, 265면)이 있지만, 의문이다.
27) 공소장부본의 송달(제266조의 5이하), 공판기일의 지정과 변경(제267조), 공판기일 전의 증거조사와 증거제출(제273조, 제274조) 등은 심리의 원활과 신속을 위반 제도이다. 그리고 공판전 준비절차(제266조의5부터14)와 기일간 공판준비절차(제266조의15)를 신설하여 효율적이고 집중심리를 위한 제도를 만들었다.

정), 궐석재판(제277조의2[28]), 약식명령에 대한 정식재판청구에서 피고인이 공판기일에 2회 불출석한 경우에도 궐석재판 가능(제458조 2항[29]), 소송촉진에 관한 특례법에서 제1심 공판절차에서 피고인의 진술없이 재판할 수 있다고 하여 궐석재판을 인정하고 있다. 그러나 이는 헌법재판소에서 적정절차와 방어권침해를 이유로 위헌결정을 내리고, 이에 개정하였다.[30] 경미사건 등의 피고인 불출석(제277조) 집중심리주의[31](계속심리주의), 재판장의 소송지휘권(제279조), 법원 구속기간 및 판결선고기간의 제한(92조, 제318조의4)[32] 등을 들 수 있다.

- 대표변호사제도의 도입 또한 형사절차의 신속을 위한 제도이다.

3) 상소재판의 신속

- 상소기간의 제한(제358조, 제374조), 상소기록송부기간(제361조, 제377조), 상소이유서 또는 답변서제출기간(제361조의 3, 제379조) 등
- 상소심의 구조(사후심, 속심, 복심중 속심이 적당함), 미결구금일수 산입의 제한(남상소의 방지)

4) 특수한 공판절차

- 간이공판절차[33], 약식절차, 즉결심판절차. 당사자의 절차권보장에 미흡함.
- 경미사건이나 자백사건을 신속하게 처리하여 형사사법의 효율성

---

28) 제277조의2 (피고인의 출석거부와 공판절차) ①피고인이 출석하지 아니하면 개정하지 못하는 경우에 구속된 피고인이 정당한 사유없이 출석을 거부하고, **교도관**에 의한 인치가 불가능하거나 현저히 곤란하다고 인정되는 때에는 피고인의 출석없이 공판절차를 진행할 수 있다. 〈개정 2007.6.1〉

29) 제458조 (준용규정〈개정 1995.12.29〉)②제365조의 규정은 정식재판절차의 공판기일에 정식재판을 청구한 피고인이 출석하지 아니한 경우에 이를 준용한다.〈신설 1995.12.29〉

30) 제23조 (제1심공판의 특례) 제1심공판절차에서 피고인에 대한 송달불능보고서가 접수된 때로부터 6월이 경과하도록 피고인의 소재를 확인할 수 없는 때에는 대법원규칙이 정하는 바에 따라 피고인의 진술없이 재판할 수 있다. 다만, 사형·무기 또는 장기 10년이 넘는 징역이나 금고에 해당하는 사건의 경우에는 그러하지 아니하다.〈개정 1999.12.28〉.

31) 형법 제267조의 2신설함

32) 1심은 공소제기가 된 날로부터 6월이내, 항소심은 기록송부를 받은 날로부터 각4월이내, 약식명령은 청구가 있은 날로부터 14일 이내에 하여야 한다. 이는 권고규정으로 보는 것으로 강제력은 없다.

33) 297조2/318조의3

을 확보하는데 중점을 둔 제도이다.

라. 신속한 재판의 침해와 그 구제

    1) 재판지연의 판단기준

        - 명확한 기준이 어렵다. 개별사건의 성격, 지연기간과 이유, 피고인이 입은 불이익 등을 종합적으로 고려하여 판단[34]

    2) 재판지연의 구제책(명문의규정이 없음)

        가) 비교법적 고찰

        미국판례: 공소기각(스트렁사건), 일본: 고전사건에서 면소, 독일은 양형에 고려

        - 우리나라는 공소제기후 25년이 경과한 때에는 공소시효가 완성된 것으로 보는 규정(249조 2항)에서 면소판결 그 외의 일반적인 경우에는 양형에 고려된다고 본다.[35]

제3절 형사소송의 기본구조

I. 형사소송의 기본구조

1. 형사소송구조론의 의의

    - 소송주체계사이의 관계를 어떻게 구성할 것인가에 대한 이론을 말한다.

    - 소송구조론은 형사소송의 지도이념을 달성하기 위한 방법론이라고 할 수 있다.

    - 탄핵주의, 규문주의의 구별은 역사적 구별이 있을 뿐이다. 규문주의는 심판관과 수사관이 일치하는 형태로 시민혁명 이전에 주로 존재하였으나 오늘날 대부분의 국가는 심판관과 수사관을 구분한 탄핵주의적 소송구조를 취하고 있다. 탄핵주의라 함은 재판기관인 법원이

---

34) 이재상, 37면; 이은모, 22면; 신양균, 44면.
35) 양형고려설, 실체판결설

재판기관 이외의 자(원고)의 소추에 의하여 재판절차가 개시하는 주의를 말한다. 탄핵주의에 있어서도 국가기관인 검사만이 원고로서 소추하는 국가소추주의와 피해자 또는 기 친족을 원고로 하는 피해자소추주의 또는 일반대중이 원고로 되어 소추할 수 있는 대중소추주의라고 하는 사인소추주의가 있다.

우리 형사소송법의 입장은 "공소는 검사가 제기하여 수행한다"(제246조).고 함으로써 탄핵주의를 채용함과 동시에 국가소추주의 및 기소독점주의를 취하고 있다. 따라서 특수한 경우(재판상의 준기소절차)를 제외하고는 법원은 국가기관 중에서도 검사가 공소를 제기하지 아니하면 심판을 할 수 없다는 不告不理의 원칙(실례: 기소편의주의)을 천명하고 있다. 탄핵주의적 소송구조를 기초한 당사자주의와 직권주의적 소송구조로 이루어져 있다.

Ⅱ. 당사자주의와 직권주의의 이념

소송의 주도권을 누가 행사하는 가에 따라서 당사자주의와 직권주의로 나누어진다.

1. 당사자주의(영미법상 변론주의)

① 검사와 피고인이 주장과 입증을 하고 법원은 제3자의 지위에 있다고 하여 변론주의라고 한다.

② 증거의 수집과 제출은 당사자에게 맡겨지고, 심리 또한 당사자의 공격·방어의 형태로 진행된다(당사자소송(追行)주의).

③ 당사자주의를 철저하게 유지하면 당사자처분권주의를 내용으로 한다(공소취소, 상소의 포기 등 피고인의 이익을 위하여 당사자처분주의를 예외적으로 인정한다).

④ 영미의 당사자소송주의는 유죄인부협상(plea bargaining)나 기소사실인부절차(arraignment)

2. 직권주의

소송의 주도적 지위를 법원에게 인정하는 소송구조를 말한다.

① 법원이 실체적 진실발견을 위하여 검사나 피고인의 주장이나 청구에 구속되지 않고, 직권으로 증거를 수집·조사하는 것(직권탐지주의).

② 소송물은 법원의 지배 아래 놓이게 되고, 따라서 법원이 직권으로 심리하는 것(직권심리주의).

3. 당사자주의와 직권주의 장단점

	당사자주의	직권주의
소송 주도자	당사자(검사, 피고인)	법원
장점	① 이해당사자가 많은 증거제출 ② 법원은 제3자적 지위에서 공정한 재판 ③ 피고인의 소송주체화	① 신속한재판 ② 법원이 소송의 주도적 역할로 인해 실체적 진실 발견에 적합
단점	신속한 재판을 저해, 사법의 스포츠화/당사자처분권주의를 인정하는 경우에는 국가형벌권의 거래대상이 되어 진실왜곡의 우려	독단, 오판의 위험, 피고인의 소송주체성 형식화
제도	공소장일본주의, 심판범위의 한정, 공판절차에서 방어권보장, 당사자출석, 모두진술, 증거신청주의, 진술거부권, 교호적 신문	법원의 피고인신문, 직권증거조사, 공소장변경요구

4. 당사자주의와 직권주의의 관계

가. 학설

① 순수한 당사자주의라는 견해(강구진, 차용석)

② 당사자주의를 기본으로 하면서 직권주의를 보충으로 한다는 견해
(백형구, 손동권, 송광섭, 신동운, 신현주, 정웅석, 백승민, 이은모)

③ 직권주의를 기본으로 하면서 당사자주의는 직권주의의 수정적 의미로 이해는 견해(직업법관에 의한 재판의 속성상 불가피)[36]: 이재상, 임동규, 진계호

---

36) 신동운, 간추린신형사소송법, 법문사, 2007, 5면 참조; "모든 국민은 헌법과 법률이 정한 법관에 의하여 법률에 관한 재판을 받을 권리…(헌법 제27조1항)"을 규정하여 직업법관에 의한 소송을 받을 것을 헌법에 선언하고 있다.

나. 판례
- 헌법재판소: 형사소송의 구조를 당사자주의와 직권주의 중 어느 것을 할 것인가의 문제는 입법정책의 문제라고 전제하면서 우리 형소법은 그 해석상 소송절차의 전반에 걸쳐 기본적으로 당사자주의의 소송구조를 취하고 있다[37]
- 대법원: 기본 구조를 당사자주의로 보고 있다.

다. 검토
당사자주의와 직권주의의 조화: 우리 형사소송법의 입장은 실체적 진실발견의 능률적이고 효과적인 달성과 피고인의 인권보장의 견지에서(소극적 실체적 진실주의)에서 영미법계의 당사자 주의적 요소를 도입함으로써 당사자 주의적 색체가 강하게 나타나고 있지만, 다른 한편으로 공익유지의 견지에서 직권주의의 제도를 통하여 이를 규제, 보충함으로써 조화를 이루어 나가는 절충적인 입장을 취하고 있다. 그런데 2008년부터 이른바 "국민참여재판제도"[38]가 시행된다는 것은 우리나라가 당사자주의적 소송구조로 이행할 것을 전제한 것으로 판단된다. 이를 위하여 무기평 등의 원칙을 구현하기 위한 여러 가지의 제도적 보완이 필요할 것이다.

5. 당사자주의적 요소
- 공소제기단계: 공소장일본주의(규칙 제118조 제2항)/기소편의주의(247조)[39]
- 공판준비절차: 공소장부본의 송달(266조)/제1회공판기일의 유예기간(269조)[40]/피고인의 공판기일변경신청권(270조).
- 공판절차: 당사자의 출석 특히 피고인의 공판정출석을 공판개정의

---

37) 92헌마44
38) 국민이 배심원으로 재판에 참여하는 국민참여재판제도는 비록 소수사건에 대하여 시작하는 것이지만 당사자주의적 소송구조로 전환한 것이다(신동운, 신형사소송법, 6면).
39) 검사에게 일종의 처분권주의를 인정하는 제도이다.
40) 제269조 (제1회 공판기일의 유예기간) ① **제1회 공판기일은 소환장의 송달후 5일이상의 유예기간**을 두어야 한다.
② 피고인이 이의 없는 때에는 전항의 유예기간을 두지 아니할 수 있다.

요건으로 하고 있다(275.276)/증거조사에서 원칙적으로 당사자의 신청에 의하는 것(294)/검사와 피고인의 증거보전청구(184)/증거조사에 대한 참여권의인정(45.163조)/증인신문에서 교호신문제도의 규정(161조의2)/공소사실의 동일성이 인정되는 사실이라도 공소장변경에 의해서만 법원의 현실적 심판의 대상이 되게 하는 공소장변경제도(298조)/당사자의 반대신문권보장을 위한 제도로 전문법칙(310조의2)[41]/증거에 대한 당사자의 일종의 처분권을 인정하는 증거동의제도(318조)

- 국민참여재판의 시행

6. 직권주의적 요소

- 피고인신문제도(287조)의 존치
- 직권에 의한 증거조사의 인정/증인신문에서 재판장이나 합의부원의 직권개입의 인정(161조의2 2항, 3항 5항)/법원의 공소장변경요구제도(298조2항)

7. 개정형소법에서 당사자주의의 강화

- 증거조사를 피고인신문에 앞서서 하게 하는 것(290조)/피고인신문 절차를 필수적 절차에서 임의적 절차로 전환하는(296조의2 제1항)[42] /공판정에서 좌석재치도 검사의 좌석과 피고인 및 변호인의 좌석은 대등하게 하여 법대의 좌우측에 마주보게 위치한 것(275조 3항)
- 275조의3 구두변론주의 신설로 당사자주의 강화[43]

---

41) 제310조의2 (전문증거와 증거능력의 제한) 제311조 내지 제316조에 규정한 것 이외에는 공판준비 또는 공판기일에서의 진술에 대신하여 진술을 기재한 서류나 공판준비 또는 공판기일외에서의 타인의 진술을 내용으로 하는 진술은 이를 증거로 할 수 없다.

42) 제296조의2 (피고인신문) ①검사 또는 변호인은 증거조사 종료 후에 순차로 피고인에게 공소사실 및 정상에 관하여 필요한 사항을 신문할 수 있다. 다만, 재판장은 필요하다고 인정하는 때에는 증거조사가 완료되기 전이라도 이를 허가할 수 있다.

43) 제275조의3 (구두변론주의) 공판정에서의 변론은 구두로 하여야 한다.[본조신설 2007. 6.1] [[시행일 2008.1.1]].

<보충 1>

 # 유죄인부협상(plea bargaining): 피의자가 혐의를 시인한 경우 검찰이 가벼운 범죄로 기소하거나 형량을 낮추어 주는 제도를 말한다.

- 당사자주의인 영미에서 혐의를 인정하는 경우에 ① 가벼운 범죄로 기소하거나 ② 가벼운 구형량을 가볍게 하는 약속 ③ 다름 혐의에 대하여 불기소 또는 공소취소를 약속하는 방식
- 법원은 당사자간의 협상결과를 존중하는 것이 관례
- 독일의 경우 입법화되지 않았지만 당사자의 협상결과를 법원이 구속되는 것은 아니지만 존중하는 것이 관례

 # 비판

- 자기부죄거부특권을 침해하여 적정절차 위반의 소지
- 약속에 의하여 실체적 진실발견이 무시되는 결과
- 309조의 임의성 없는 자백이 될 가능성
- 수사절차에서 이루어지는 협상을 공판절차로 끌고와 더욱 엄격한 제한을 가해 적정절차의 원리나 실체적진실발견을 저해하는 부당한 협상을 막을 필요(신양균)
- 공판정 자백도 보강증거를 요하는 판례의 태도가 본제도의 도입에 장애가 됨.

기소사실 인부절차[44]와 관련하여 공판정자백에서도 보강법칙이 적용된다는 점에서 도입에 방해가 된다는 견해도 있음(정웅석/백승민).

---

44) 이것은 공판정에서 피고인에 대하여 기소사실에 관하여 유죄 또는 무죄의 답변을 구하는 절차로서, 영미법이 채택하고 있는 것이다. 이러한 「Arraignment」는 사건의 경·중을 불문하고 모든 사건에 적용되며 증거조사절차를 생략하는 점에서 간이공판절차와 구별된다. 만일 피고인이 유죄의 답변을 한 경우에는 그것만으로써 배심(陪審)의 유죄판결이 내린 것과 같은 효력이 인정되어, 증거조사를 행함이 없이 판결에 의하여 형을 선고할 수 있다. 무죄의 답변, 즉 공소장기재의 사실을 부인한 경우에는 통상의 절차에 따라서 기소사실에 관한 증거조사가 행하여진다. 미국에서는 형사사건의 약85%가 이 제도로써 해결되고 있으나, 우리나라에서 이 제도를 채용하는 것은 민사소송의 「청구의 인낙」과 같은 제도를 도입하는 것으로 되어 형사소송의 본질에 반하게 될 것이다.

면책조건부증언취득(Immunity)

- 피의자 성격이 강한 참고인(공범자)이 제3자의 범행을 증언할 경우 일정한 범위내에서 처벌을 없애주거나 감경해주는 제도
- 뇌물수수, 마약거래, 폭력사건의 수사에 도움이 된다는 장점이 있다.

1. 소송절차의 본질

　가. 법률관계설(권리의무관계설)

　　① Buelow에 의하여 주장됨

　　② 소송의 본질은 소송주체사이에 존재하는 법률관계로 파악하는 것: 법원은 심판할 권리·의무를 가지고, 당사자는 심판을 구하거나 심판을 받을 권리·의무를 가지는 것이 소송의 본질이다.

　　③ 소송의 본질을 권리·의무관계로 파악하여 피고인의 권리보호에 기여할 수 있다.

　　④ 권리의무관계는 정적, 고정적이어서 소송일 동적·발전적인 성격과 일치할 수 없다는 문제점.

　나. 법률상태설

　　① 소송은 기판력을 정점으로 하는 부동적인 법률상태로 이해하는 것

　　② Goldstein이 주장

　　③ 순수한 절차적인 면까지도 법률상태로 파악한 것은 잘못이다.

　다. 이면설: 타당함.

　　① 전체로서의 소송을 실체면과 절차면으로 구별하여 **실체면은 실체법이 소송을 통하여 확립되는 법률상태, 절차면은 고정적 법률관계로 봄**

　　② 자우어(Sauer)의 삼면설(실체형성, 소송추행과정, 절차과정)에서 영향을 받음

2. 소송의 실체면과 절차면의 관계

　－ 실체면과 절차면은 하나의 소송절차에서 두개의 측면이 공존한다. 그리고 양자는 밀접한 연관을 가지고 서로 영향을 주고 받는다.

실체면이 절차면에 영향을 미치는 것	절차면이 실체면에 영향을 미치는 것
사물관할의 표준, 고소의 요부, 긴급체포의 요건, 필요적 변호의 요부, 피고인 출석의 요부, 간이공판절차의 요건 등	위법수집증거의 배제법칙(308조의2), 전문법칙(310조의2)[45], 자백보강법칙(310조) 등

〈소송절차이분론〉

1. 의의
 - 소송절차에서 범죄사실을 인정하는 절차와 양형절차를 분리하자는 이론으로 배심제도를 취한 영미의 형사소송에서 유래되었다.
 - 배심원은 사실인정과 형의 양정에 대한 의견 개진을 할 수 있는 것에 불과하기 때문에 국민참여재판의 도입이 절차 이분론과 무관하다.

2. 절차이분론의 근거
 ① 사실인정절차의 순화
 ② 양형의 합리화
 ③ 양형절차를 비공개하여 피고인의 인격보호
 ④ 변호인의 변호권보호
 ⑤ 무죄판결을 선고할 경우 피고인의 인격조사가 필요없어 소송경제에도 도움이 됨.
  : 현실에서는 무죄판결이 선고되는 경우 실질적 낮다는 점을 들어서 이를 비판한다.

3. 절차이분론에 대한 문제점
 ① 소송의 지연/소년법 제58조, 법원조직법 제54조의3을 참조
 ② 범죄사실과 양형사실의 구별불가능
  - 상습범의 경우에 피고인의 인격조사가 사실심리 단계에서 검토되어야 한다. 책임은 행위자의 인격을 떠나서 판단할 수 없으므로 범죄사실과 양형사실을 구별하는 것은 이론상 불가능하다.[46]
 ③ 재판부 구성의 미분화

---

45) 형사소송법 제311조 내지 제316조에 규정한 것 이외에는 공판준비 또는 공판기일에서의 진술에 대신하여 진술을 기재한 서류나 공판준비 또는 공판기일 외에서의 타인의 진술을 내용으로 하는 진술은 이를 증거로 할 수 없다(형사소송법 제310조의2).
46) 이에 대하여 이재상 교수는 근거가 없다고 함(이재상, 신형사소송법, 55면).

4. 입법론

    ① 소송절차를 사실인정절차와 양형절차로 나눔[47]

    ② 담당재판부를 분리[48]

    ③ 양형절차에서 유죄인정에 의문이 생긴 경우에도 심리지연 방지하려면 유죄결정을 번복 할 수 없도록 하여 유죄결정에 구속력을 부여함.

    ④ 양형절차의 비공개

〈 #참고(범죄백서2017)〉

형사법 분야의 4차산업혁명시대의 새로운 범죄

– 보이스피싱 범죄

– 해킹 등 사이버범죄

– 인터넷을 이용한 국제마약거래 등 첨단기술을 이용한 새로운 범죄의 발생

---

47) 이재상 교수는 배심원제도도입에 대하여 부정적이다. 2008년 시행 "국민참여재판"에서는 배심원이 유무죄평결하고, 양형에 관한 의견을 개진하지만, 이 평결과 의견은 법원에 기속되지 않는다(동법 제46조 2항, 4항, 5항).
48) 이재상 교수는 양형절차도 같은 법관에게 맡기는 것이 불필요한 혼란을 막을 수 있다.

제5장 소송의 주체

- 독자적인 소송법상의 권한을 가진 경우에 소송주체라 한다.
- 소송절차는 구체적, 개별적, 유동적인 것이나 소송조직은 일반적, 추상적, 고정적인 것이다.
- 기본적인 소송관계의 주체는 법원과 양당사자 즉, 검사·피고인인 것이다. 이 3자가 협의의 소송주체이다.
- 소송절차에 관여하고 소송법상의 권리·의무의 주체로 되는 것은 이밖에도 소송당사자에 보조자(변호인·보조인·대리인, 사법경찰관리)를 합쳐 소송관계인
- 소송관계인과 증인·감정인·고소인·고발인을 포함하여 소송관여자라고 한다.[49]

제1절 법원

1. 재판권

법원은 재판권을 행사하는 기관이다. 재판권이라 함은 일체의 법률상의 쟁송에 관하여 심리, 판단하는 권한을 말하는 것이며 사법권과 거의 동일한 의미로 해석된다.

법원의 재판권의 범위에 관하여 법원조직법 제2조1항에서 "법원은 헌법에 특별한 규정이 있는 경우를 제외하고 일체의 법률상의 쟁송을 심판하고, 이 법과 다른 법률에 의하여 법원에 속하는 권한을 가진다."고 규정하고 있다. 우선 여기서 형사재판권을 문제로 하는데 형사재판권에는 형사사건을 심리하여 법률을 적용하는 재판권이 그 주요 대상이지만 그 밖에 부수적으로 공판의 기일, 장소의 지정, 국선변호인의 선임, 변론의 지휘 등 소송을 지체없이 진행

---

49) 소송관계인과 소송관여자를 구별할 필요가 없이 소송참여자라 하면 될 것이다.

시키 위한 소송지휘권, 법정질서를 유지하는 법정경찰권, 소송의 진행상 필요한 경우에 행사하는 강제권, 공판조서를 작성하여 소송상의 사실을 문서로서 명확하게 하는 공증권 및 법률, 명령, 규칙, 처분에 관한 위헌법률 심사권 등도 포함된다.

2. 법원

1) 법원의 의의

법원에는 국법상의 의미의 법원과 소송법상의 의미의 법원으로 나누어진다.

첫째, 국법상의 의미의 법원은 사법행정상의 권한이 부여된 관청으로서의 법원이다. 따라서 각 법원의 장은 사법행정상의 감독권을 가지며 그 감독권은 그 법원의 직원 및 그 관할하에 있는 하급법원과 그 직원에 미친다.

우리가 일반적으로 법원조직법 등에서 법원이라고 하는 경우는 이를 국법상의 의미에 있어서 법원을 말한다.

둘째, 소송법상의 의미의 법원은 재판기관으로서의 법원을 의미하는 것이다. 이 의미의 법원은 각각 독립하여 그 재판권을 실행하는 것이므로 재판권의 행사에 관하여는 그 법원의 장으로부터 지령을 받지 않을 뿐만 아니라 상급법원으로부터도 어떠한 구속도 받지 않는다. 또 합의부의 법원에 있어서도 재판장은 소송법상 특별한 권한을 가지고 있으나 그 권한은 다른 법관의 의견을 구속하지 못한다. 합의부법원에 있어서의 합의심판은 과반수로서 결정하는 것이다(법원조직법 제59조1항).

상급법원과 하급법원과의 관계에 있어서 대법원의 심판에서 판시한 법령의 해석은 당해사건에 관하여 하급심을 구속한다(법조18). 이는 재판에 심급제도를 인정하는 이상 구체적 사건의 해결책으로서 당연한 것이므로 이로 인하여 재판의 독립이 침해되는 일은 없을 것이다.

2) 법원의 종류

법원은 최고법원인 대법원과 하급법원인 고등법원, 특허법원, 지방법원,

가정법원, 행정법원이 있으며, 지방법원과 및 가정법원의 사무의 일부를 처리케하기 위하여 그 관할 구역 내에 지원과 소년부지원, 시법원 또는 군법원 및 등기소를 둘 수 있다. 다만 지방법원 및 가정법원의 지원은 2개를 합하여 1개의 지원으로 할 수 있다(법원조직법 제3조). 이외에 군사재판을 관할하기 위하여 특별법원으로 군사법원을 둘 수 있다(헌110조).

3. 법원의 구조

1) 국법상 의미에 있어서 법원의 구조

(1) 대법원

대법원은 최고법원이며 소재지는 서울특별시에 둔다 대법원에는 대법관을 두는데 대법원장을 포함하여 14인으로 한다(법조 제4조). 대법원장의 궐위시 선임대법관이 그 권한을 대행한다(법조13조3항). 사법행정사무를 관장하기 위하여 대법원에 법원행정처를 둔다(법조19조).

(2) 고등법원

고등법원은 고등법원장과 법률로써 정한 수의 판사로써 구성되고 고등법원장은 판사로 보한다(법조5조3항, 26조). 다만, 각급법원에 배치할 판사의 수는 대법원규칙으로 정한다(법조5조3항 단서). 부를 두며 부에는 부장판사를 두고 부장판사는 그부의 재판에 있어서 재판장이 되며, 고등법원장의 지휘에 의하여 그 부의 사무를 감독한다(법조27조). 대법원장은 재판업무 수행상의 필요에 따라 고등법원의 부로 하여금 그 관할구역안의 지방법원 소재지에서 사무를 처리하게 할 수 있다(법조 제27조4항).

고등법원은 지방법원합의부, 가정법원합의부 또는 행정법원의 제1심 판결에 대한 항소사건, 지방법원합의부, 가정법원합의부 또는 생정법원의 제1심 심판·판결·명령에 대한 항고사건 등을 심판한다.

(3) 특허법원

특허법원은 특허법원장을 두고 판사로 보하며, 특허법원장은 그 법원의 사법행정사무를 관장하며, 소속 공무원을 지휘·감독한다. 특허법원은 부를 두며 특허법 제186조 제1항, 실용신안법 제35조, 의장법 제75조 및 상표법 제86조 제2항에 정한 제1심사건을 심판한다(법조 28조의2이하).

(4) 지방법원

지방법원은 지방법원장과 법률로써 정한 수의 판사로써 구성되고 지방법원장은 판사로써 보한다(법조 제29조). 지방법원장은 그 법원과 소속지원, 시·군법원 및 등기소의 사법행정사무를 관장하며, 소속 공무원을 지휘·감독한다. 지방법원에는 부를 두며, 지방법원지원과 소년부지원에 지원장을 두며 지원장은 판사로 보한다. 지방법원지원에도 부를 둘 수 있다. 지방법원과 지방법원지원의 합의부는 합의부가 심판할 것으로 합의부가 결정한 사건, 민사사건에 관하여는 대법원규칙이 정한 사건, 사형·무기 또는 단기 1년 이상의 징역 또는 금고에 해당하는 사건을 심판한다.

지방법원본원합의부는 지방법원단독판사가 판결에 대한 항소사건, 지방법원단독판사의 결정·명령에 대한 항고사건을 심판한다.

시·군법원의 경우 대법원장은 지방법원 또는 그 지원 소속 판사중에서 그 관할구역안에 위치한 시·군법원의 판사를 지명하여 시군법원의 관할사건을 심판하게 한다. 이 경우 1인의 판사를 2이상의 시·군법원의 판사로 지명할 수 있다. 시군법원은 소액사건심판법의 적용을 받는 민사사건, 화해·독촉 및 조정에 관한 사건, 20만원이하의 벌금 또는 구류나 과료에 처할 범죄사건, 호적법 제79조의2에 의한 협의상 이혼의 확인 등의 사건을 관할한다(법조34조).

(5) 가정법원

가정법원 및 가정법원지원의 합의부는 가사소송법에서 정한 가사소송과 마류가사비송사건 중 대법원규칙으로 정한 사건, 가정법원판사에 대한 제척·기피사건, 다른 법률에 의하여 가정법원합의부의 권한에 속하는 사건을 제1심으로 심판한다(법조 제40조).

(6) 행정법원

행정법원은 행정소송법에서 정한 행정사건과 다른 법률에 의하여 행정법원의 권한에 속하는 사건을 제1심으로 심판한다(법조 제40조 의4).

2) 법관

(1) 법관의 개념 및 종류

국법상 의미의 법원을 구성하는 중심적인 역할을 수행하는 자를 말하며, 최고법원인 대법원의 대법관과 각급법원의 판사로 되어 있다(법조 제4조, 제5조).

(2) 법관의 임명

대법원장은 국회의 동의를 얻어 대통령이 임명한다. 대법관은 대법원장의 제청으로 국회의 동의를 얻어 대통령이 임명한다(헌법 104조, 법조 제41조). 판사는 대법관회의의 동의를 얻어 대법원장이 임명한다.

(3) 법관의 자격요건

대법원장과 대법관은 15년 이상 판사, 검사, 변호사, 변호사의 자격이 있는 자로서 국가기관, 지방자치단체, 국·공영기업체, 정부투자기관 기타 법인에서 법률에 관한 사무에 종사한자, 변호사자격이 있는 자로서 공인된 법률학 조교수 이상의 직에 있던 자 중 40세 이상의 자 중에서 임명한다(법조 제42조1항 각호).

사법연수원장, 고등법원장, 특허법원장, 법원행정처장, 지방법원장, 가정법원장, 행정법원장과 고등법원 및 특허법원의 부장판사는 10년 이상 위 각호의 직에 있던 자 중에서 보한다(법조 제44조).

이상의 요건 이외에 다른 법령에 의하여 공무원으로 임용하지 못하는 자, 금고이상의 형을 선고 받은 자, 탄핵에 의하여 파면된 후 5년이 경과되지 아니한 자는 법관에 임용될 자격이 없다(법조 제43조). 판사의 임용은 사법시험에 합격하여 사법연수원의 소정과정을 마친 자로, 변호사 자격이 있는 자 중에서 임명한다.

예비판제도를 두어 판사를 신규 임용하는 경우에 2년의 기간을 두어 예비판사로 임용하여 근무하게 한 후 그 근무성적을 참작하여 판사로 임용한다. 예비판사는 대법원장이 임명하며, 그 수는 법률로 정한다(법조 제42조의2).

(4) 법관의 신분보장

사법권의 독립을 보장하기 위하여 법관의 신분보장은 엄격하게 인정되어야 한다. 헌법 제103조에서 법관은 헌법과 법률에 의하여 그 양심에 따라 독립하여 심판한다고 규정함으로써 신분보장에 관하여 천명하고 있다.

법관은 탄핵결정, 금고이상의 형의 선고에 의하지 아니하고는 파면되지 아니하며, 법관징계위원회의 징계처분에 의하지 아니하고는 정직·감봉 또는 불이익한 처분을 받지 아니한다(헌 106조1항, 법조 제46조1항). 그러나 법관이 중대한 심신상의 장애로 직무를 수행할 수 없을 때에는 대법관인 경우에는 대법원장의 제청으로 대통령이, 판사인 경우에는 대법원장이 퇴직을 명할 수 있다(헌106조2항, 법조 제47조).

법관의 보수는 직무와 품위에 상응하도록 따로 법률로 정하고 있다. 법관에게도 임기와 정년은 있다. 대법원장의 경우는 임기 6년에 중임할 수 있고, 대법관은 6년 임기에 연임할 수 있다. 판사의 임기는 10년으로 연임할 수 있다. 법관의 정년에 관하여 대법원장의 정년은 70세 대법관의 정년은 65세 판사의 정년은 63세로 한다(법조 제45조). 법관은 헌법과 법률로써 신분이 보장되는 반면, 재직중에 국회 또는 지방의회의 의원, 행정부서의 공무원, 정치운동관여, 대법원장의 허가없이 보수있는 직무에 종사하는 일, 금전상의 이익을 목적으로 하는 업무에 종사하는 일, 대법원장의 허가없이 보수의 유무를 불문하고 국가기관 외의 법인·단체 등의 고문·임원·직원 등의 직위에 취임하는 일을 할 수 없다(법조 제49조).

3) 소송법상의 의미의 법원구조

(1) 단독제와 합의제

법관의 정원을 기준으로 하여 단독제와 합의제로 나눈다. 단독제는 절차를 신속히 진행시키는 동시에 해당법관의 책임감을 강하게 하는 장점이 있고, 합의부는 사건의 처리를 신중하게 하며, 판단을 공정하게 하는 장점이 있다.

지방법원 및 가정법원과 그 지원, 소년부지원 및 시·군법원의 제1심은 원칙적으로 단독판사가 이를 행한다(법조 제7조4항). 단, 원래 단독심판 사건을 합의부에서 심판한다는 결정을 합의부에서 한 사건인 경우와 사형·무기 또는 단기 1년 이상의 징역 또는 금고에 해당하는 사건, 기타 법률에 의하여 합의부에서 심판할 것으로 규정된 사건으로 예를 들어 형사소송법 제416조2항(준항고)의 경우이다.

고등법원·특허법원 및 행정법원의 경우에는 항상 3인의 판사로서 구성된 합의부에서 심판권을 행사한다(법조 제7조3항).

대법원은 대법관전원의 3분의 2이상의 합의부에서 심판권을 행하며 대법장이 재판장이 된다. 다만 대법관 3인 이상으로 구성된 부에서 먼저 사건을 심리하여 의견이 일치한 때에 한하여 명령 또는 규칙이 헌법에 위반함을 인정하는 경우, 명령 또는 규칙이 법률에 위반함을 인정하는 경우, 종전에 대법원에서 판시한 헌법·법률·명령 또는 규칙의 해석적용에 관한 의견을 변경할 필요가 인정된 경우, 그 밖에 부에서 재판함이 적당하지 아니한 경우를 제외하고는 그 부에서 재판한다(법조 제7조1항).

(2) 법원구성원의 명칭

합의부의 경우에 구성원의 1인이 재판장이 되며, 공판기일지정권(제267조), <u>재판장</u>은 소송지휘권(제279조)과 법정경찰권(제281조 2항, 법조법 제58조)이 있다. 합의제 법원 즉, 受訴법원이 그 구성원인 법관에게 합의부의 활동을 신속하고 원활하게 하기 위하여 특정한 소송행위를 행할 것을 명령하였을 때에는 그 법관을 수명법관이라 한다.

수소법원으로부터 특정한 소송행위를 촉탁받은 다른 법원의 판사를 수탁판사라고 하며, **수소법원과는 독립하여** 수사기관에 대하여 영장을 발부하는 판사(제201조), 증거보전절차를 행하는 판사(제184조) 또는 수사상 증인신문을 행하는 판사(제221조의 2)를 **수임판사라 한다.** [50]

---

50) 제402조(항고할 수 있는 재판) 법원의 결정에 대하여 불복이 있으면 항고를 할 수 있다. 단, 이 법률에 특별한 규정이 있는 경우에는 예외로 한다.

제6장 〈법원의 관할〉: 재판권의 분배

1. 개설

- 관할이란? 재판권을 현실적으로 행사함에 있어서 각 법원간에 분배된 직무분담(재판권의 분배)
- 특정한 법원이 특정한 사건을 재판할 수 있는 권한

〈구별되는 개념〉

- 각 법원간의 내부적인 사무분담인 사법행정사무와 구별
- 국법상의 개념인 재판권과도 구별된다. <u>다시 말해서 재판권의 범위 내에서 특정한 법원이 소송법상의 권한을 행사할 수 있는 권한을 말한다.</u>
- <u>피고사건에 대하여 재판권이 없을 때에는 공소기각의 판결(327조1호)을 선고</u>
- 관할권이 없을 때에는 원칙적으로 관할위반의 선고를 하여야 한다 (319조 본문).
- <u>관할권과 관련하여 16조2의 군사법원의 이송과 관련하여 이는 관할권의 문제가 아닌 재판권의 문제임에 유의.</u>

〈관할의 결정기준〉

- 관할은 법률에 규정된 추상적 기준에 의하여 획일적으로 결정

2. 관할의 종류

가. 사건관할과 직무관할(재심=원심, 비상상고=대법원, 재정신청=고등법원)

나. 법정관할(관할 항정의 원칙)과 재정관할

관할에는 법률규정에 의한 법정관할과 법원의 재판에 의하여 관할이 결정되는 재정관할이 있다. 법정관할에는 사물관할, 토지관할, 심급관할이 있고 이것이 우리가 통상적으로 관할이라고 말하는 것이다. 재정관할에

는 지정에 의한 관할과 이전에 의한 관할이 있다.[51)]

3. 법정관할의 종류

가. 사물관할

사물관할은 사건의 경중이나 성질을 표준으로 하여 법원이 제1심법원으로서 가지는 재판상의 권한을 말한다. 원칙적으로 제1심 사물관할은 지방법원의 단독판사에게 속한다. 그러나, 사형·무기 또는 단기 1년 이상의 징역 또는 금고에 해당하는 사건은 합의부에서 심판한다(법조32조).[52)] 예를 들어 절도사건, 상해사건의 경우에는 단독판사에게 관할권이 있고, 살인사건이나 강간사건의 경우에 합의부의 사물관할에 속한다. 20만원 이하의 벌금, 구류, 과료에 해당하는 가벼운 범죄사건에 대해서는 시군법원의 관할에 속하고, 판사가 즉결심판을 한다(법조34조1항3호). 이에 대하여 불복이 있는 피고인은 고지를 받은 날로부터 7일이내에 정식재판을 청구할 수 있다(법조35조).[53)]

---

51) 관할유무를 정하는 시기에 대하여 민사소송과 같이 제소시를 표준으로 한다는 명문규정이 없는 까닭에 토지관할과 사물관할에 관하여 문제가 있는 바, 토지관할의 경우에는 공소제기시를 표준으로 한다는 것이 통설이다. 그러나 사물관할의 경우에는 전심절차를 통틀어서 존재하여야 한다고 해석하여야 할 것이다.

52) 그 외에도 합의부관할은 지방법원판사에 대한 제척·기피사건, 법률에 의하여 지방법원합의부의 권한에 속하는 사건, 합의부에서 심판할 것으로 합의부가 스스로 결정한 사건은 합의부에서 심판한다(법조법 제32조1항).

53) 지방법원 또는 지원에 정식재판을 청구한다.

각급 법원의 설치와 관할구역에 관한 법률 별표 3

고등법원·지방법원과 그 지원의 관할구역

고등법원	지방법원	지원	관할구역
서울	서울중앙		서울특별시 종로구·중구·강남구·서초구·관악구·동작구
	서울동부		서울특별시 성동구·광진구·강동구·송파구
	서울남부		서울특별시 영등포구·강서구·양천구·구로구·금천구
	서울북부		서울특별시 동대문구·중랑구·성북구·도봉구·강북구·노원구
	서울서부		서울특별시 서대문구·마포구·은평구·용산구
	의정부		의정부시·동두천시·양주시·연천군·포천시, 강원도 철원군. 다만, 소년보호사건은 앞의 시·군 외에 고양시·파주시·남양주시·구리시·가평군
		고 양	고양시·파주시
		남양주	남양주시·구리시·가평군
	인천		인천광역시
		부천	부천시·김포시
	춘천		춘천시·화천군·양구군·인제군·홍천군. 다만, 소년보호사건은 철원군을 제외한 강원도
		강릉	강릉시·동해시·삼척시
		원주	원주시·횡성군
		속초	속초시·양양군·고성군
		영월	태백시·영월군·정선군·평창군
대전	대전		대전광역시·세종특별자치시·금산군
		홍성	보령시·홍성군·예산군·서천군
		공주	공주시·청양군
		논산	논산시·계룡시·부여군
		서산	서산시·당진시·태안군
		천안	천안시·아산시

	청주		청주시·진천군·보은군·괴산군·증평군. 다만, 소년보호사건은 충청북도
		충주	충주시·음성군
		제천	제천시·단양군
		영동	영동군·옥천군
대구	대구		대구광역시 중구·동구·남구·북구·수성구·영천시·경산시·칠곡군·청도군
		서부	대구광역시 서구·달서구·달성군, 성주군·고령군
		안동	안동시·영주시·봉화군
		경주	경주시
		포항	포항시·울릉군
		김천	김천시·구미시
		상주	상주시·문경시·예천군
		의성	의성군·군위군·청송군
		영덕	영덕군·영양군·울진군
부산	부산		부산광역시 중구·동구·영도구·부산진구·동래구·연제구·금정구
		동부	부산광역시 해운대구·남구·수영구·기장군
		서부	부산광역시 서구·북구·사상구·사하구·강서구
	울산		울산광역시·양산시
	창원		창원시 의창구·성산구·진해구, 김해시. 다만, 소년보호사건은 양산시를 제외한 경상남도
		마산	창원시 마산합포구·마산회원구, 함안군·의령군
		통영	통영시·거제시·고성군
		밀양	밀양시·창녕군
		거창	거창군·함양군·합천군
		진주	진주시·사천시·남해군·하동군·산청군
광주	광주		광주광역시·나주시·화순군·장성군·담양군·곡성군·영광군
		목포	목포시·무안군·신안군·함평군·영암군
		장흥	장흥군·강진군
		순천	순천시·여수시·광양시·구례군·고흥군·보성군
		해남	해남군·완도군·진도군
	전주		전주시·김제시·완주군·임실군·진안군·무주군. 다만, 소년보호사건은 전라북도

		군산	군산시·익산시
		정읍	정읍시·부안군·고창군
		남원	남원시·장수군·순창군
	제주		제주시·서귀포시
수원	수원		수원시·오산시·용인시·화성시. 다만, 소년보호사건은 앞의 시 외에 성남시·하남시·평택시·이천시·안산시·광명시·시흥시·안성시·광주시·안양시·과천시·의왕시·군포시·여주시·양평군
		성남	성남시·하남시·광주시
		여주	이천시·여주시·양평군
		평택	평택시·안성시
		안산	안산시·광명시·시흥시
		안양	안양시·과천시·의왕시·군포시

〈우리지역의 관할권〉

고등법원	지방법원	지원	관할구역
부산	부산		부산광역시 중구·동구·영도구1부산진구·동래구·연제구·금정구
		동부	부산광역시 해운대구·남구·수영구·기장군
		서부	부산광역시 서구·북구·사상구·사하구·강서구
	울산		울산광역시·양산시
	창원		창원시 의창구·성산구·진해구, 김해시. 다만, 소년보호사건은 양산시를 제외한 경상남도
		마산	창원시 마산합포구·마산회원구, 함안군·의령군
		통영	통영시·거제시·고성군
		밀양	밀양시·창녕군
		거창	거창군·함양군·합천군
		진주	진주시·사천시·남해군·하동군·산청군

나. 토지관할

토지관할은 동등한 법원[54]간에 있어서 범죄와 특별한 관계가 있는 토지를 관할하는 법원이 가지는 재판상의 권한을 말한다. 토지관할에는 범죄지, 피고인의 주소, 거소 또는 현재지로 한다(4조1항). 국외에 있는 대한민국의 선박 혹은 항공기 내에서 범한 범죄에 관하여는 전항의 규정한 곳 이외에 선적지 혹은 기적지 또는 범죄후의 선착지 혹은 기착지도 토지관할의 기초가 된다(4조2항3항).

범죄지란 구성요건에 해당하는 사실이 발생한 지역을 말한다. 행위가 결과가 각각 별개의 지역에 발생한 경우에는 전부다 범죄지가 된다. 예비·음모죄로 처벌되는 경우에는 예비·음모지가 범죄지이다.

주소 와 거소는 민법상의 개념에 따른다. 현재지는 임의성있게 혹은 적법한 강제에 의하여 현재하는 장소[55]를 말하며 주소와 거소 및 현재지의 기준은 공소제기시를 기준으로 한다. 적법하게 구속된 이상 석방되거나 도망한 경우에도 토지관할에 영향이 없다.[56]

- 검사의 출석요구에 응하여 조사를 받고 그 결과 공소가 제기된 경우에 현재지에 포함된다.
- 불법하게 연행된 장소는 현재지에 포함되지 않는다는 것이 통설이다.
- 현재지와 관련하여 소말리아 해적인 피고인들 등이 공해상에서 대한민국 해운회사가 운항 중인 선박을 납치하여 대한민국 국민인 선원 등에게 해상강도 등 범행을 저질렀다는 내용으로 국군 청해부대에 의해 체포·이송되어 국내 수사기관에 인도된 후 구속·기소된 사안에서, 피고인들은 적법한 체포, 즉시 인도 및 적법한 구속에 의하여

---

54) 상소심의 관할은 원심법원에 의하여 결정된다는 이유에서 토지관할을 1심법원의 관할에 제한하는 견해도 있다(백형구, 강의, 130면; 신현주, 형사소송법, 85면). 그러나 법원의 관할구역은 토지관할을 기준으로 하므로 1심법원에 제한해야할 이유가 없다는 것이 다수설이다(배종대/이상돈, 형사소송법, 64면; 신동운, 451면; 신양균, 339면; 이재상, 65면).

55) 현재의 소재지인 한 임의, 적법을 불문한다는 견해(신현주, 86면)도 있지만, 불법하게 연행된 장소는 포함되지 않는 다는 것이 통설이다(이재상, 66면 참조).

56) 이재상, 66면.

공소제기 당시 국내에 구금되어 있어 현재지인 국내법원에 토지관할
이 있다[57]

다. 심급관할

심급관할이란 상소제도의 인정과 관련된 관할이다. 상소제도에는 항소
(2심)와 상고(3심) 및 항고(결정·명령에 대한 상소)가 있다. 지방법원 또는
지방법원지원의 단독판사의 판결에 대한 항소사건은 지방법원본원의
합의부에서 관할하고(법조 제32조2항 1호), 지방법원합의부의 제1심판결과
가정법원합의부의 심판에 대한 항소사건, 지방법원합의부의 제1심결정·
명령에 대한 항고사건에 대한 관할은 고등법원의 심급관할에 속한다.
상고사건 및 1심판결에 대한 비약상고사건, 고등법원의 결정·명령 및
지방법원본원합의부의 2심결정·명령에 대한 항고사건은 대법원의 심급
관할에 속한다(법조 제14조).

4. 관할의 수정

1) 관련사건의 관할

관련사건이란 수개의 사건(수죄)이 서로 관련되어 있는 경우를 말한다.

① 1인이 범한 수죄(실체적 경합범)[58]: 인적관련, 주관적 관련, 불필요한
  이중심리를 피하기 위해

② 수인이 공동으로 범한 죄(임의적·필요적 공범, 합동범): 물적관련, 객관
  적 관련, 동일한 사건에 대하여 모순된 판결을 피하기 위해

③ 수인이 동시에 동일 장소에서 범한 죄(동시범)[59]

④ 범인은닉죄, 증거인멸죄, 위증죄, 위증감정통역죄 또는 장물에 관한
  죄와 그 본범의 죄를 관련사건으로 규정하고 있다(11조): 본범죄와의
  사이에 공통되는 증거가 많기 때문.

---

57) 대법원 2011. 12. 22. 선고 2011도12927 판결.
58) 상상적 경합은 소송법상 1죄이므로 관련사건에 속하지 않는다.
59) 상해죄의 동시범이 여기에 해당하고 이시의 독립행위경합은 관련사건이 되지 않는다는
    견해(신동운, 형사소송법, 587면)

2) 관련사건의 병합

가) 토지관할의 병합: 토지관할의 병합은 항소심에 대해서도 준용된다.

나) 사물관할의 병합: 사물관할을 달리하는 수개의 사건이 관련된 때에는 법원의 합의부가 병합관할한다(9조). 단, 결정으로 관할권있는 법원의 단독판사에게 이송할 수 있다.

관련사건에 대하여는 병합관할이 인정된다. 즉 토지관할을 달리하는 수개의 사건이 관련된 때는 한 개의 사건에 대하여 관할이 있는 법원이 다른 사건까지 관할할 수 있다(5조).

관련사건의 병합관할과 심리는 1심에 한할 필요는 없다고 해석하여야 할 것이다[60]. 고유의 관할사건에 대하여 무죄·면소 또는 공소기각의 형식적 재판이 선고된 경우에도 관할은 원래 절차적인 문제이므로 공소제기사실이 실체적으로 유죄이든 무죄이든 상관없이 관할권이 존재한다고 보아야 할 것이다.[61]

토지관할을 달리하는 수개의 관련사건이 각각 다른 법원에 계속된 때에는 공통되는 직근상급법원은 검사 또는 피고인의 신청에 의하여 결정으로 1개 법원으로 하여금 병합심리하게 할 수 있다(6조). 병합심리하는 법원이외의 법원은 그 결정등본을 송부받은 날로부터 7일이내에 소송기록과 증거물을 송부하여야 한다(규칙 3조). 사물관할의 경우에도 합의부가 결정으로 단독판사에게 병합심리케 할 수 있다(10조).

법원은 결정으로 병합된 심리를 분리할 수 있다(7조).: 분리이송되는 사건은 단독에 한한다.

병합관할과 병합심리를 구별된다.

- 항소심의 심리사건 병합절차는 제1심 법원의 심리병합절차와 기본적으로 동일하다.
- 토지관할의 병합심리는 당사자의 신청을 요함.

---

60) 이재상, 소송법, 86면.
61) 백형구, 형사소송법강의, 134면.

고등법원	지방법원	지원	관할구역
부산	부산		부산광역시 중구·동구·영도구·부산진구·동래구·연제구·금정구
		동부	부산광역시 해운대구·남구·수영구·기장군
		서부	부산광역시 서구·북구·사상구·사하구·강서구
	울산		울산광역시·양산시
	창원		창원시 의창구·성산구·진해구, 김해시. 다만, 소년보호사건은 양산시를 제외한 경상남도
		마산	창원시 마산합포구·마산회원구, 함안군·의령군
		통영	통영시·거제시·고성군
		밀양	밀양시·창녕군
		거창	거창군·함양군·합천군
		진주	진주시·사천시·남해군·하동군·산청군

3) 재정관할(관할의 지정과 이전)

- 의의: 법원이 재판으로 정하는 관할
- 법정관할사유의 유무와 관계없이 구체적인 사정이 있는 경우에 관할을 창설, 변경하는 제도

가. 관할의 지정

> **제14조(관할지정의 청구)** 검사는 다음 경우에는 관계있는 제1심법원에 공통되는 직근 상급법원에 관할지정을 신청하여야 한다.
> 1. 법원의 관할이 명확하지 아니한 때
> 2. 관할위반을 선고한 재판이 확정된 사건에 관하여 다른 관할법원이 없는 때

- 법원의 관할이 명확하지 아니한 때
- 관할위반을 선고한 재판이 확정된 사건에 관하여 다른 관할 법원이 없을 때
- 소송규칙 제7조에 따라서 소송절차의 정지사유

－ 관할의 지정이 있으면 이송의 효과가 생긴다.

제15조(관할이전의 신청) 검사는 다음 경우에는 직근 상급법원에 관할이전을 신청하여야 한다. 피고인도 이 신청을 할 수 있다.

1. 관할법원이 법률상의 이유 또는 특별한 사정으로 재판권을 행할 수 없는 때

2. 범죄의 성질, 지방의 민심, 소송의 상황 기타 사정으로 재판의 공평을 유지하기 어려운 염려가 있는 때

제16조(관할의 지정 또는 이전신청의 방식) ① 관할의 지정 또는 이전을 신청함에는 그 사유를 기재한 신청서를 직근 상급법원에 제출하여야 한다.

② 공소를 제기한 후 관할의 지정 또는 이전을 신청하는 때에는 즉시 공소를 접수한 법원에 통지하여야 한다.

나. <u>관할의 이전</u>(관할권이 있는 법원에서 없는 법원으로 옮기는 것)

관할법원이 법률상 이유(예를 들면 제척, 기피 등으로 판사가 부족하여 재판부를 구성할 수 없을 때) 또는 특별한 사정(예, 天災地變)으로 재판권을 행할 수 없는 때, 범죄의 성질, 지방의 민심, 소송의 정황 기타 사정으로 재판을 공평하게 유지하기 어려울 염려가 있는 때 검사 또는 피고인은 직근상급법원에 관할이전을 신청할 수 있다(15조). 신청방법은 사유서를 직근상급법원에 제출하여야 하며(16조1항), 공소제기후 관할의 지정이나 이전을 신청한 경우에는 즉시 공소를 접수한 법원에 통지하여야 한다(16조2항). <u>관할의 이전은 성질상 토지관할에서만 인정되고, 관할지정이나 이전의 신청이 있는 경우에는 그에 대한 결정이 있을 때까지는 소송절차를 정지하여야 할 것이다.</u>

－ 검사의 관할권이전신청은 의무적이고 피고인에게는 권리

－ 검사의 신청은 공소제기전후를 불문하지만 피고인은 공소제기후에 한하여 신청할 수 있다.

－ <u>항소심에서 지방법원 본원합의부에서 공소장이 변경된 경우 고등법원으로 이송한다.</u>

5. 관할권의 경합

1) 사물관할의 경합

– 합의부 우선의 원칙/ 1심과 항소심에서 경합하면 항소법원

2) 토지관할의 경합(13조)(선착수의 원칙)

– 먼저 공소제기받은 법원. 당사자의 신청에 의해 직근 상급법원의 결정

3) 사물관할,토지관할 경합은 심판하지 않은 법원은 결정으로 공소기각(328조1항3호), /먼저 공소제기한 법원은 면소/ 동일사건에 대하여 수개의 법원에서 판결하면 뒤에는 모두 당연무효.

6. 관할권이 없는 경우의 효과

관할권의 유무는 소송조건의 하나이므로 법원은 <u>직권으로 관할권의 유무를 조사하여야 한다</u>(1조). 관할위반이 발견되면 관할위반의 선고를 하여야 한다. 그러난 관할제도가 소송상의 편의와 피고인의 이익을 위하여 존재하는 까닭에 몇가지 예외가 인정된다.

첫째, 법원은 피고인의 신청이 없으면 토지관할에 관하여 관할위반을 선고하지 못한다. 그리고 관할위반의 신청은 피고사건에 대한 진술전에 하여야 한다(320조).

둘째, 법원은 사실발견을 위하여 필요하거나 긴급을 요하는 때에는 관할구역외에서 직무를 행하거나 사실조사에 필요한 처분을 할 수 있다(3조). '긴급을 요하는 경우'라 함은 검사가 적법한 공소제기를 기다렸다가는 중요한 사실의 발견이 곤란한 경우를 말한다.

<u>셋째, 소송행위는 관할위반인 경우에도 그 효력에 영향이 없다(2조). 이는 소송경제적인 측면을 고려한 규정이다.</u>

<u>넷째, 재정신청에 의하여 지방법원의 심판에 付하여진 사건에 대하여는 관할위반을 선고할 수 없다(319조 단서).</u>

7. 사건의 이송

1) 의의
- 법원이 소송계속중인 사건을 다른 법원이나 군사법원으로 이전하는 것
- 결정의 형식으로 사건의 이송
- 당해법원의 소송절차가 종결된다는 점에서 종국재판의 일종

2) 사건의 직권이송
가. 현재지 관할법원에의 이송
- 형사소송법 6조 제1항

나. 공소장이 변경으로 인해서 합의로 이송하는 것
- 8조 제2항
- 항소심에서도 지방법원 본원합의부에서 있던 사건을 고등법원으로 이송
- 합의부에서 단독사건으로 변경된 경우?

3) 사건에 대한 군사법원으로의 이송
- 16조의 2
- 소송경제적 측면에서 불합리하다. 따라서 이런 부분을 예외적으로 규정
- 군사법원이 재판권이 없는 경우는?(군사법원법 제2조)

4) 사건의 소년부송치
- 보호처분할 것이 인정된 경우(소년법 제50조)
- 소년법 제51조
- 가정폭력범죄의 처벌등에 관한 특례법: 피해자의 의사를 존중
- 제12조, 제15조 참조
- 성매매알선 등 행위의 처벌에 관한 법률

8. 공평한 법원
법관은 원칙적으로 직무에 관하여 절대적, 추상적 권한을 가지고 있지만, 특

정한 사건에서 공정한 재판을 위하여 당해사건에 관여하는 것을 부정하기도 한다. 구체적 사건에서 재판관으로서의 자격이 상실되는 경우가 제척, 기피, 회피의 제도이다. 법관에 대한 이 같은 제도는 법원서기관, 서기와 통역인에게도 준용된다(제25조1항). 단, 제척사유의 하나인 17조7호는 제외된다.

1) 除斥

형사소송법 제17조에서 유형적으로 규정하고 있다. 제척사유가 있는 법관이 심판에 관여한 경우에는 당사자가 기피를 신청할 수 있고(제18조1항1호), 그 법관이 관여한 재판에 대해서는 <u>항고 이유가 된다(361조의5제7호).</u>

<u>제척은 공판사건, 약식명령, 즉결심판, 공소제기후 증거보전과 참고인에 대한 증인신문을 행하는 법관에게 적용된다.</u>

제척의 원인을 살펴보면

1) 법관이 피해자인 때,
   – 피해자란 예를 들어 공무집행방해죄에 있어서 폭행·협박을 받은 공무원을 말한다.
   – 직접피해자만 의미하고 간접피해자는 포함되지 않음
   – 간접피해자는 기피사유에 해당될 수 있다.
   – 피해의 종류에는 개인적법익, 사회적법익, 국가적법익포함
   – 보호법익의 주체 뿐만 아니라 행위의 객체가 된 경우도 피해자에 해당함

2) 법관이 피고인 또는 피해자의 친족, 또는 친족관계에 있었던 자
   (2008년 1월 시행)
   – 친족의 개념은 민법의 규정에 의한다.

3) 법관이 피고인 또는 피해자의 법정대리인, 후견감독인 때
   – 피고인의 대리인에는 피고인인 법인의 대표자(27조)를 포함

4) 법관이 사건에 관하여 증인, 감정인, 피해자의 대리인으로 된 때

- 사건은 당해 형사사건을 말함
- 피고사건, 피의사건도 포함되어 증거보전절차(184조)나 증인신문 절차(221조의2)에서 증인 또는 감정인인 된 때를 포함
- 증인, 감정인이 된 때란 증인감정인으로 신청되어 채택되고 소환 된 사실만으로 부족하고, 사실상 증언이나 감정을 한 때에 비로 소 제척사유에 해당
- <u>수사기관에 참고인으로 조사받거나 감정인으로 위촉된 경우에 는 포함되지 않음</u>
- 피해자의 대리인이 된 때란 법관이 고소대리인 또는 재정신청의 대리인이 된 때를 말한다.

5) 법관이 사건에 관하여 피고인의 대리인, 변호인, 보조인으로 된 때
- 변호인에는 사선변호인 및 국선변호인을 물론 특별변호인(31조단 서)이 된 것을 포함

6) 법관이 사건에 관하여 검사 또는 사법경찰관의 직무를 행한 때
- 법관에 임용되기 전에 행한 직무가 문제됨

7) <u>법관이 사건에 관하여 전심재판 또는 그 기초가 되는 조사, 심리에 관여한 때</u>
① 전심재판의 의미
- 2심에 대하여는 1심/ 3심에 대하여 2심 또는 1심에 해당한다.
- 재판은 종국재판을 의미한다. 종국재판이면 형식이 판결이든 결정이든 묻지 않는다.

---

*전심에 해당하지 않는 경우
- 파기환송 전의 원심에 관여한 법관이 환송 후의 재판에 관여하는 것은 전심에 해당하지 않는다.
- 재심청구대상인 확정판결에 관여한 법관이 재심개시결정에 의한 재심공판절차 에 관여한 때
- 상고심에 관여한 법관이 판결정정신청사건에 관여한 때에도 전심에 해당되지 않음

- 공범사건의 경우에도 절차를 분리하여 심리가 진행된 때에는 제외된다.
- 동일피고인에 대한 다른 사건에 관여한 법관도 전심에 관여한 것이 아님

② 약식명령과 즉결심판의 경우(견해의 대립)
- 적극설: 사건의 실체를 심리하여 예단이나 편견의 가능성 있다고 보아 전심으로
- 소극설: 절차를 달리할 뿐 동일한 심급으로 전심에 해당하지 않음(판례소극설)
- 우리 법원은 약식명령이나 즉결심판을 한 판사가 그 정식재판에 대한 항소심 판결에 관여한 경우 제척사유가 된다.[62]
- 기피사유에는 해당하는가의 문제는 별개의 문제이고 이를 검토하여야 한다.
- 불이익변경금지의 원칙(상소권의 보장): 457조의2

제457조의2(형종 상향의 금지 등) ① 피고인이 정식재판을 청구한 사건에 대하여는 약식명령의 형보다 중한 종류의 형을 선고하지 못한다.
② 피고인이 정식재판을 청구한 사건에 대하여 약식명령의 형보다 중한 형을 선고하는 경우에는 판결서에 양형의 이유를 적어야 한다. [전문개정 2017.12.19.]

③ 전심재판에 관여한 때
- 전심재판의 내부적 성립에 실질적으로 관여한 때를 말한다.

* 해당되지 않는 경우
- 재판의 선고 및 고지와 같은 외부적 성립에 관여한 경우
- 사실심리나 증거조사를 하지 않고 공판기일의 연기에 관여한 경우
- 전심재판에 관여하였지만 상소심의 판결선고전에 경질되어 상소심의 판결에 관여하지 않은 경우

---

62) 신동운교수는 약식명령이나 즉결심판은 정식재판에 의하여 그 독자적 의미를 상실하는 것으로 보아 이 경우 제척사유에 해당하지 않는다는 견해가 있다(신동운, 형소법, 624면)

④ 전심재판의 기초되는 조사·심리에 관여한 때
  - 공소제기 전후를 불문하고 전심재판의 <u>내용형성에 영향을 미치는 경우</u>를 의미

---

* 해당되지 않는 경우

구속영장을 발부한 법관,

구속적부심사에 관여한 법관,

보석허가결정에 관여한 법관 등

- 단지 압수·수색영장만을 발부한 법관(백형구, 이은모)

  - 수탁판사로서 증거조사를 한 경우나 증거보전절차(184조)나 증인신문절차(221조의2)에 관여한 경우 또는 기소강제절차[63]에서 공소제기 결정한 법관

<증거보전절차에 관여한 법관> 184조 221조의2
<u>- 판례는 검사의 증거보전청구에 의하여 증인신문을 한 법관을 전심재판 또는 그 기초되는 조사, 심리에 관여한 법관으로 보지 않는다.</u>[64]
<u>- 학설은 적극설이 다수설이다./311조</u>

<u>〈기소강제절차에서 공소제기결정을 한 법관은 당해 사건의 상소심에서 전심재판의 기초되는 조사심리에 관여한 법관인가?〉 부정설의 입장이 다수설/ 일본의 경우에는 심급에 관계없이 제척사유 규정함.</u>

---

63) 기소강제절차(起訴强制節次)란 검사의 불기소처분에 불복하는 고소인 등의 재정신청(裁定申請)에 대하여 법원이 공소제기 결정을 한 경우에 검사에게 공소제기를 강제하는 제도를 말한다(이재상, 신형사소송법 제2판, 박영사, 357쪽).
64) 71도794/

〈관련문제〉

1. 공소제기전 증거보전절차나 증인신문절차에서도 법관의 제척이 인정될 수 있는가?

① **긍정설:** 해당 절차에서 작성된 법관의 조서에 절대적 증거능력이 인정되는 점을 들어 적용을 긍정하는 견해로 증거보전처분을 행하는 판사는 법관이나 재판장과 동일한 권한이 인정되므로 타당하다.

② **부정설:** 공소제기전 피의사건의 심판에는 제척규정을 적용할 수 없다. 왜냐하면 제한적 열거규정이기 때문이다.

2. 검사에게 제척이 인정되는가?

① **부정설:** 검사의 당사자지위 내지는 동일체원칙에 의하여 제척은 의미없다고 본다.

② **긍정설:** 검찰사무의 공정과 이해관계인의 신뢰보호를 이유로 든다.

〈제척의 효과〉

- 당해사건에서 법관은 당연히 직무집행에서 배제된다.
- 법률에 의하여 당연히 효과가 발생한다.
- 당해사건의 심리, 재판, 처분 등 일체의 소송행위에 미친다.
- 제척사유가 있는 법관은 스스로 회피하여야 한다(24조1항), 당사자도 기피 신청할 수 있다(18조1항).
- 절대적 항소이유가 된다(361조의5제7호).[65]

---

65) 제361조의5 (항소이유) 다음 사유가 있을 경우에는 원심판결에 대한 항소이유로 할 수 있다. [개정 63·12·13]
  1. 판결에 영향을 미친 헌법·법률·명령 또는 규칙의 위반이 있는 때
  2. 판결후 형의 폐지나 변경 또는 사면이 있는 때
  3. 관할 또는 관할위반의 인정이 법률에 위반한 때
  4. 판결법원의 구성이 법률에 위반한 때
  5. 및 6. 삭제 [63·12·13]
  7. 법률상 그 재판에 관여하지 못할 판사가 그 사건의 심판에 관여한 때
8. 사건의 심리에 관여하지 아니한 판사가 그 사건의 판결에 관여한 때

– 판결에 영향을 미친 법률위반으로 상대적 상고이유가 된다(383조 제1호).[66]

2) 기피

가) 의의

법관에게 제척사유가 있음에도 불구하고 직무를 행하거나 불공평한 재판을 할 염려가 있을 때 검사 또는 피고인은 법관의 기피를 신청할 수 있다(법조 제18조). 기피원인에 대하여 불공평한 재판을 할 염려가 있는 경우란 합리적이고 객관적인 사정이 존재해야 한다(대판 1996. 2. 9.)

나) 기피의 원인

① 법관이 제척사유에 해당하는 때(반드시 기피한다)
 – 법관이 제척사유의 존재를 간과하거나 불분명한 경우 법원에 당사자가 신청하여 제척유무를 심사하는데 의의가 있다.

② 법관이 불공정한 재판을 할 염려가 있을 때(일반인의 입장에서 합리적이고 객관적인 사정이 존재)
 – 유죄의 예단을 말하는 경우
 – 피고인 또는 피해자와 친구 또는 적대관계에 있을 때
 – 법관이 증명되지 않은 사실을 언론을 통해 발표하는 경우

---

9. 공판의 공개에 관한 규정에 위반한 때
10. 삭제 [63·12·13]
11. 판결에 이유를 붙이지 아니하거나 이유에 모순이 있는 때
12. 삭제 [63·12·13]
13. 재심청구의 사유가 있는 때
14. 사실의 오인이 있어 판결에 영향을 미칠 때
15. 형의 양정이 부당하다고 인정할 사유가 있는 때[본조신설 61·9·1].
66) 형소법 제383조 (상고이유) 다음 사유가 있을 경우에는 원심판결에 대한 상고이유로 할 수 있다. [개정 63·12·13]
1. 판결에 영향을 미친 헌법·법률·명령 또는 규칙의 위반이 있을 때
2. 판결후 형의 폐지나 변경 또는 사면이 있는 때
3. 재심청구의 사유가 있는 때
4. 사형, 무기 또는 10년이상의 징역이나 금고가 선고된 사건에 있어서 중대한 사실의 오인이 있어 판결에 영향을 미친 때 또는 형의 양정이 심히 부당하다고 인정할 현저한 사유가 있는 때[전문개정 61·9·1].

- 심리중 피고인에게 모욕적인 말을 한 경우
- 피고인에게 진술을 강요한 경우
③ 부정하는 예
- 법관과 종교관, 세계관, 정치적 신념이나 성은 기피사유가 되지 않는다.
- 공판기일에 꼭 출석할 것을 촉구하는 것
- 당사자의 증거신청에 채택하지 않고 기각한 경우(견해의 대립이 있음)
- 검사의 공소장변경허가신청에 대하여 불허결정한 사실(2001모2)
- 이미 행한 증거결정을 취소한 사실
- 피고인의 증인에 대한 신문을 제지한 사실(95모10)

〈쟁점〉 당사자의 증거신청에 대한 기각결정을 한 경우 기피신청의 대상인가?

㉠ 판례
- 증거결정은 법원의 재량으로 증거의 채택결정만으로 재판의 공평을 훼손하는 것으로 볼 수 없다.
- 국선 변호인을 통해 소송기록을 열람등사신청을 하게 한 경우를 부당한 소송지휘권의 행사라고 볼 수 없어 기피사유에 해당하지 않는다.

㉡ 학설
- **부정설(자유재량설):** 소송지휘권의 행사는 기피사유에 해당하지 않는다면서 판례를 찬성하는 견해
- **긍정설(기속재량성):** 증거결정은 기속재량으로 봐야하고, 이를 위배한 기각결정은 피고인의 증거신청권과, 소송관계서류열람권(제55조)에 대한 자의적 침해로 기피사유로 봐야한다면서 판례를 비판함.

다) 기피신청의 절차

　1) 신청권자

　　① 검사, 피고인이 서면 또는 구두로 합의부원이면 소속법원에, 단독판사이면 당해법관에게 신청한다. 변호인은 피고인의 명시적 의사에 반하여 기피신청을 할 수 없다(18조2항). 변호인은 피고인의 대리인이므로 피고인의 기피신청권이 소멸된 경우에는 변호인도 기피신청권이 소멸하는 것으로 보아야 할 것이다.

　　－ <u>일정한 경우 피의자도 기피신청을 할 수 있는가?</u>

　　＊ 공소제기전에 행해지는 증거보전절차나 증인신문절차의 경우 그 절차에서 작성된 조서는 절대적 증거능력이 인정되며(311조후단) 당해사건에서 실체형성에 결정적인 영향을 미칠 우려가 있기 때문에 피의자도 기피신청권을 가진다는 견해(신양균, 384면)

　　－ <u>재정신청사건에서 피의사건을 심리하는 법관에 대하여 기피신청할 수 있는가?</u>

　　－ **적극설:** 재정결정도 재판의 일종으로 18조를 유추적용하여 기피신청을 인정해야한다는 견해(신양균, 임동규)/재판의 공정성확보를 위해 적극설(이은모, 형소, 57면)

　　－ **소극설:** 재정결정은 당해사건에 대한 실체재판이 아니므로 기피신청할수 없다는 견해(신동운)

　　－ **<u>법원의 입장은?</u>** 재정신청을 한 고소, 고발인은 기소강제절차에서 법관대하여 기피신청을 할 수 있다.

　2) 기피신청의 방법

　　－ 규칙 176조

　　기피신청은 구술 또는 서면으로서, 합의법원의 법관에 대한 경우는 그 법관의 소속법원에, 수명법관·수탁판사 또는 단독판사에 대한 경우에는 해당법관에게 해야 한다(19조1항). 기피사유는 신청한 날로부터 3일이내에 서면으로 소명하여야 한다(19조2항). 기피신청에 대한 재판은 기피당한 법관의 소속법원합의부에서 결정으로 하여야 한다(21조1항). 기피당한 판사의 소속법원이 합의부를 구성하지 못하는 때에는 직근상급법원이 결정하여야 한다(21조3항). 기피신청이 소송의 지연을 목적으로 함이 명백하거나 기피신청의 관할을 위반한 경우에는 신청을 받은 법원 또는 법관은 결정으로 이를 기각한다(20조1항).

- 기피신청의 대상은 법관이므로 합의부 자체에 대한 기피신청은 허용되지 않는다.
- 합의부 모든 법관을 기피하는 것은 가능함.

라) 기피신청의 재판
  1) 간이기각결정
    - 소송지연을 목적으로 함이 명백하거나 19조의 규정에 위반한 경우 신청을 받은 법원 또는 법관은 결정으로 이를 기각한다(20조1항).
    - 객관적인 사정을 종합적으로 판단하여 지연목적을 판단함
    - 19조에 위반한 경우란(수명법관에 대한 기피신청을 소속합의부에 한 경우와 같이 관할을 위반하여 기피신청한 경우/ 기피사유를 3일 이내에 서면으로 소명하지 않은 경우/ 기피의 원인된 사실을 구체적으로 명시하지 않은 경우(규칙9조)/ 기피신청권자가 아닌 자가 기피신청을 한 경우/ 이미 직무집행이 배제된 법관에 대하여 기피신청을 한 경우/ 기피신청한 사건에 대하여 이미 판결선고가 된 경우)
    - 합의부, 수탁판사, 단독판사의 간이기각결정에 대하여 즉시 항고(23조 참조)

제23조(기피신청기각과 즉시항고) ① 기피신청을 기각한 결정에 대하여는 즉시항고를 할 수 있다.
② 제20조 제1항의 기각결정에 대한 즉시항고는 재판의 집행을 정지하는 효력이 없다. 〈신설 1995.12.29.〉

- 간이기각결정에 대한 즉시항고[67]는 통상의 즉시항고와 달리 재판의 집행을 정지하는 효력이 없다(23조2항): 소송지연을 방지하기 위한 제한규정이다.
- 재판장, 수명법관이 기피신청을 기각한 재판을 고지한 경우 불복이 있으면 그 법관 소속의 법원에 간이기각결정의 취소를 구하는 준항고를 할 수 있다(제416조 제1항 1호)[68]: 간이기각결정의 준항고도 집행정지의 효력이 인정되지 않는다(419조/409조 본문)
- 즉시항고 및 준항고를 기각하는 결정에 대하여 재항고 할 수 있다.[69]

2) 소송진행의 정지
- 간이기각결정을 하는 경우를 제외하고는 소송진행을 정지하여야 한다. 다만, 급속을 요하는 경우에는 예외로 한다(제22조).

---

67) 즉시항고(卽時抗告)란 재판의 성질상 특히 신속히 확정지을 필요가 있어 불변기간으로서의 항고기간의 제한을 두는 대신 그 제기에 의하여 집행정지의 효력이 있는 항고를 말한다 즉시항고는 특히 "즉시항고를 할 수 있다"고 규정된 경우에만 허용되고, 그러한 규정이 없는 경우에는 통상의 항고로 본다.

68) 준항고(準抗告)란 재판장 또는 수명법관의 재판과 검사 또는 사법경찰관의 처분에 대하여 그 소속법원 또는 관할법원에 취소 또는 변경을 청구하는 불복신청방법을 말한다(이재상, 신형사소송법 제2판, 박영사, 750쪽).
(1) 재판장 또는 수명법관의 재판
재판장 또는 수명법관이 다음 각 호의 1에 해당한 재판을 고지한 경우에 불복이 있으면 재판의 고지있는 날로부터 3일 이내에 그 법관소속의 법원에 재판의 취소 또는 변경을 청구할 수 있으며, 합의부에서 이를 결정을 하여야 한다(형사소송법 제416조).
1. 기피신청을 기각한 재판
2. 구금, 보석, 압수 또는 압수물환부에 관한 재판
3. 감정하기 위하여 피고인의 유치를 명한 재판
4. 증인, 감정인, 통역인 또는 번역인에 대하여 과태료 또는 비용의 배상을 명한 재판
(2) 수사기관의 처분
검사 또는 사법경찰관의 구금, 압수 또는 압수물의 환부에 관한 처분과 형사소송법 제243조의2에 따른 변호인의 참여 등에 관한 처분에 대하여 불복이 있으면 그 직무집행지의 관할법원 또는 검사의 소속검찰청에 대응한 법원에 그 처분의 취소 또는 변경을 청구할 수 있다(형사소송법 제417조).

69) 재항고(再抗告)란 항고법원·고등법원 또는 항소법원의 결정 및 명령에 대하여는 재판에 영향을 미친 헌법·법률·명령 또는 규칙의 위반을 이유로 드는 때에만 대법원에 하는 불복신청방법을 말한다.

> **급속을 요하는 경우**
> – 멸실될 우려가 있는 증거를 조사해야 할 경우
> – 장기간 해외출장을 앞두고 있거나 위독한 증인을 신문할 필요 등

〈쟁점〉– 정지의 대상이 되는 소송절차에 대하여 견해가 대립

1설/전부정지설	모든 소송절차를 포함한다는 견해(배종대/이상돈/정승환, 신동운, 임동규, 이은모)
제2설/본안소송정지설	본안에 대한 소송절차만을 의미한다는 견해/신양균/판례의 입장 (판결의 선고는 정지해야 할 소송절차에 포함되지 않는다)/ 본안재판이란 실체재판이라 하고 실체적 법률관계를 판단하는 재판을 말하고, 유무죄판결이 이에 해당한다.

3) 기피신청의 시기

① **판결시설(적정절차원리의 강조)**: 민소법(민소43조2항)과 달리 제한 규정이 없으므로 제한 할 수 없다(타당?). 신양균, 이재상, 이은모.

② **변론종결시설**: 남용을 방지하기 위하여 변론종결시까지만 인정하는 것이 옳다는 견해(배종대, 신동운, 노명선, 정웅석)

– 실제로 판결선고의 경우에 기피신청이 있어도 소송진행이 정지되지 않는다고 보면 기피신청의 인정실익이 적고

– 간이기각결정에 대한 즉시항고에 대하여 재판의 집행정지효력을 배제하여 신속한 절차진행을 도모하는 형소법 제23조 2항의 규정취지에서 비추어 이설이 타당하다는 주장도 있음.[70]

– 법관에 대한 기피신청이 있는 경우 형사소송법 제22조에 따라 정지되는 소송진행에 판결의 선고는 포함되지 아니하므로(대법원 1987. 5. 28.자 87모10 결정, 1995. 1. 9.자 94모77 결정 등 참조), 피고인이 변론 종결 뒤 재판부에 대한 기피신청을 하였지만, 원심이 소송진행을 정지하지 아니하고 판결을 선고한 것은 정당하고, 거기에 상고이유의 주장과 같이 판결에 영향을 미친 절차위반 등의

---

[70] 제23조 (기피신청기각과 즉시항고) ①기피신청을 기각한 결정에 대하여는 즉시항고를 할 수 있다. ②제20조 제1항의 기각결정에 대한 즉시항고는 재판의 집행을 정지하는 효력이 없다 . [신설 95·12·29]

위법이 없다.[71)]

③ 판례는 피고사건의 판결절차가 시작되어 상당부분 진행된 단계에 이른 때에는 기피신청을 하기에는 너무 늦은 시점으로 소송지연만을 목적으로 한 것이라고 한다.[72)]

- 피고인의 불필요한 기피신청을 방지하기 위하여 기피신청에 의하여 소송절차가 정지된 기간을 법원의 구속기간에 산입하지 않음(92조 제3항. 22조)[73)]

4) 의견서의 제출

- 간이기각결정을 제외하고 지체없이 기피신청에 대한 의견서를 법관이 제출(20조1항)
- 이 때 기피당한 법관이 기피의 신청을 이유있다고 인정하는 때에는 기피의 결정이 있는 것으로 간주한다(동조3항).

5) 기피신청에 대한 재판 및 관할

- 재판은 기피당한 법관의 소속법원 합의부에서 한다(21조1항).
- 기피당한 법관은 관여하지 못함
- 합의부를 구성하지 못하면 직근상급법원이 결정(동조3항)
- 재판은 결정으로 하고 기피신청이 이유없으면 기각하고 즉시항고할 수 있다(제23조 1항).: 이 경우 즉시항고는 간이기각결정에 대한 즉시항고와 달리 집행정지의 효력이 있다(23조2항/410조참조).
- <u>기피신청을 인용 결정하면 이에 대하여 항고할 수 없다(403조).</u>
- 기피당한 법관은 당해사건의 절차에서 배제하는 결정을 하여야 하고, 이 결정이 있으면 재배당

---

71) 대법원 2002. 11. 13. 선고 2002도4893 판결 【무고】.
72) 피고사건의 판결선고 절차가 시작되어 재판장이 이유의 요지 중 상당 부분을 설명하는 도중 피고인이 동 공판에 참여한 법원사무관에 대한 기피신청과 동시에 선고절차의 정지를 요구하는 것은 선고절차의 중단 등 소송지연만을 목적으로 한 것으로 부적법한 것이다(대법원 1985. 7. 23. 자 85모19 결정 【법원사무관기피신청각하결정에 대한 재항고】).
73) 피고인의 기피신청권을 실질적으로 보장하기 위하여 이규정을 삭제하는 것이 바람직하다는 견해가 있음(이은모, 형소, 58면).

6) 기피의 효과 및 효력발생시기

- 기피신청이 이유있다고 결정 또는 이유있다고 인정한 때 그 법관은 당해사건의 직무집행에서 탈퇴
- 항소이유, 상고이유가 된다.
- <u>제척원인을 이유로 발생하면 원인 발생한 때 소급하여 효력이 발생</u>
- 불공정한 염려는 결정시부터 효력이 생긴다는 것이 통설이다.[74]

4. 회피

회피는 법관 스스로가 직무상의 의무에서 탈퇴함을 말한다. 회피의 원인은 기피의 원인과 동일하며, 회피의 신청은 소속법원에 서면으로 신청하여야 한다(24조2항). 회피에 관한 규정은 원칙적으로 법원의 서기관·서기와 통역인에게도 준용된다(25조1항).

제24조(회피의 원인등)

① 법관이 제18조의 규정에 해당하는 사유가 있다고 사료한 때에는 회피하여야 한다.

② 회피는 소속법원에 서면으로 신청하여야 한다.

③ 제21조의 규정은 회피에 준용한다.

5. 법원사무관등에 대한 제척·기피·회피

1) 의의

제25조(법원사무관등에 대한 제척·기피·회피)

① 본장의 규정은 제17조 제7호의 규정을 제한 외에는 법원서기관·법원사무관·법원주사 또는 법원주사보(이하 "법원사무관 등"이라 한다)와 통역인에 준용한다. [개정 2007.6.1] [[시행일 2008.1.1]]

② <u>전항의 법원사무관등과 통역인에 대한 기피재판은 그 소속법원이</u>

---

74) 원인구별설이라 하고 통설이다.

<u>결정으로 하여야 한다. 단, 제20조 제1항의 결정은 기피당한 자의 소속법관이 한다.</u> [개정 2007.6.1] [[시행일 2008.1.1]] [본조 제목개정 2007.6.1] [[시행일 2008.1.1]]

- 다만, 전심재판에 관여한 제척원인은 고려되지 않는다
- 제척 및 기피에 관한 규정은 '전문심리위원'에게도 준용된다(279조의5).

2) 절차

- 법원사무관등에 대한 기피신청의 재판은 그 소속 법원의 결정으로 한다.
- 기피신청을 간이기각 결정하는 경우 기피신청받은 자의 소속 법관이 한다(25조 제2항).
- 소속법관의 간이기각결정은 법원의 기관인 재판장 또는 수명법관으로서가 아니라 법원으로서 한 결정이므로 이에 대한 불복은 준항고(416조 제1항 1호)가 아니라 즉시항고가 된다.

제**7**장 국민참여재판제도

배심원제도 2008년 1월 1일부터 "국민의 형사재판참여에 관한 법률" 시행

1. 의의

국민 중에서 선정된 배심원이 형사재판에 참여하여 사실인정과 양형에 관하여 의견을 제시하게 함으로써 <u>사법의 민주적 정당성과 이에 대한 국민의 신뢰성을 높이기 위하여 도입된 제도이다</u>(동법 제1조).

배심원이 참여하는 형사재판을 국민참여재판이라 한다(동법 제1조 2호).[75]

2. 입법례

- 배심제
- 참심제
- 국민참여재판은 배심제에 가까움

3. 국민참여재판의 개시

가. 국민참여재판의 대상사건의 범위

제5조(대상사건) ① 다음 각 호에 정하는 사건을 국민참여재판의 대상사건(이하 "대상사건"이라 한다)으로 한다. 〈개정 2012.1.17.〉

1. 「법원조직법」 제32조 제1항(제2호 및 제5호는 제외한다)에 따른 합의부 관할 사건

2. 제1호에 해당하는 사건의 미수죄·교사죄·방조죄·예비죄·음모죄에 해당하는 사건

3. 제1호 또는 제2호에 해당하는 사건과 「형사소송법」 제11조에 따른 관련 사건으로서 병합하여 심리하는 사건

---

75) 영미의 배심제도와 대륙의 참심제도가 있는데 배심제도는 국민중에 배심원을 선정하여 사실인정이나 양형판단을 맡기는 것임에 반하여 참심제도는 일반국민이 판사와함께 합의체를 구성하여 재판에 관여하는 제도로서, 우리나라는 영미의 배심제도와 좀더 비슷하다.

② 피고인이 국민참여재판을 원하지 아니하거나 제9조 제1항에 따른 배제결정이 있는 경우는 국민참여재판을 하지 아니한다.

나. 공소사실의 변경

제6조(공소사실의 변경 등) ① 법원은 공소사실의 일부 철회 또는 변경으로 인하여 대상사건에 해당하지 아니하게 된 경우에도 이 법에 따른 재판을 계속 진행한다. 다만, 법원은 심리의 상황이나 그 밖의 사정을 고려하여 국민참여재판으로 진행하는 것이 적당하지 아니하다고 인정하는 때에는 결정으로 당해 사건을 지방법원 본원 합의부가 국민참여재판에 의하지 아니하고 심판하게 할 수 있다.

② 제1항 단서의 결정에 대하여는 불복할 수 없다.

③ 제1항 단서의 결정이 있는 경우에는 당해 재판에 참여한 배심원과 예비배심원은 해임된 것으로 본다.

④ 제1항 단서의 결정 전에 행한 소송행위는 그 결정 이후에도 그 효력에 영향이 없다.

다. 필요적 변호사건

– 국민참여재판법 제7조

제7조(필요적 국선변호) 이 법에 따른 국민참여재판에 관하여 변호인이 없는 때에는 법원은 직권으로 변호인을 선정하여야 한다.

4. 국민참여재판의 개시절차

가. 피고인의 의사확인

제8조(피고인 의사의 확인) ① 법원은 대상사건의 피고인에 대하여 국민참여재판을 원하는지 여부에 관한 의사를 서면 등의 방법으로 반드시 확인하여야 한다. 이 경우 피고인 의사의 구체적인 확인 방법은 대법원규칙으로 정하되, 피고인의 국민참여재판을 받을 권리가 최대한 보장되도록 하여야 한다.

② 피고인은 공소장 부본을 송달받은 날부터 <u>7일 이내에 국민참여재판을 원하는지 여부에 관한 의사가 기재된 서면을 제출하여야 한다.</u> 이 경우 피고인이 서면을 우편으로 발송한 때, 교도소 또는 구치소에 있는 피고인이 서면을 교도소장·구치소장 또는 그 직무를 대리하는 자에게 제출한 때에 법원에 제출한 것으로 본다.

③ 피고인이 제2항의 서면을 제출하지 아니한 때에는 국민참여재판을 원하지 아니하는 것으로 본다.

④ 피고인은 제9조 제1항의 배제결정 또는 제10조 제1항의 회부결정이 있거나 공판준비기일이 종결되거나 제1회 공판기일이 열린 이후에는 종전의 의사를 바꿀 수 없다.

국민참여재판규칙 제3조

- 피고인의 항소심에서 제1심의 절차적 위법을 문제삼지 아니할 의사를 명백하게 표시한 경우가 아닌한 그 절차는 위법하고 이러한 위법한 공판절차에서 이루어진 소송행위는 무효(2012도13896).

- 7일 이내 의사확인서를 제출하지 아니한 경우? 제1회 공판기일이 열리기 전에 국민참여재판을 신청할 수 있고, 법원은 그 의사를 확인하여 국민참여재판을 진행할 수 있다(2009모1035).

  동규칙 제4조

나. 법원의 결정

1) 개시결정의 불요

- 법원은 별도의 참여재판 개시결정을 할 필요가 없다.
- 개시결정을 하지 아니하는데에 이의가 있어 제1심 법원이 국민참여재판으로 진행하기로 하는 결정을 한 경우 이 결정은 판결전 소송절차에 관한 결정에 해당한다. 따라서 즉시항고대상이 아니다.

2) 지원 합의부의 회부결정

제10조(지방법원 지원 관할 사건의 특례) ① 제8조에 따라 피고인이 국민참여재판을 원하는 의사를 표시한 경우 지방법원 지원 합의부가 제9조 제1항의 배제결정을 하지 아니하는 경우에는 국민참여재판절차 회부결정을 하여 사건을 지방법원 본원 합의부로 이송하여야 한다.
② 지방법원 지원 합의부가 심판권을 가지는 사건 중 지방법원 지원 합의부가 제1항의 회부결정을 한 사건에 대하여는 지방법원 본원 합의부가 관할권을 가진다.

- 제1심절차에 한한다.
- 국민참여재판의 관할권은?

3) 통상회부절차

제11조(통상절차 회부) ① 법원은 피고인의 질병 등으로 공판절차가 장기간 정지되거나 피고인에 대한 구속기간의 만료, 성폭력범죄 피해자의 보호, 그 밖에 심리의 제반 사정에 비추어 국민참여재판을 계속 진행하는 것이 부적절하다고 인정하는 경우에는 직권 또는 검사·피고인·변호인이나 성폭력범죄 피해자 또는 법정대리인의 신청에 따라 결정으로 사건을 지방법원 본원 합의부가 국민참여재판에 의하지 아니하고 심판하게 할 수 있다. 〈개정 2012.1.17.〉

② 법원은 제1항의 결정을 하기 전에 검사·피고인 또는 변호인의 의견을 들어야 한다.

③ 제1항의 결정에 대하여는 불복할 수 없다.

④ 제1항의 결정이 있는 경우에는 제6조 제3항 및 제4항을 준용한다.

- 통상절차 회부결정 전에 한 소송행위는 결정후에도 영향이 없다.
- 통상절차에 의한 재판 결정이 있는 경우에는 당해 재판에 참여한 배심원과 예비배심원은 해임된 것으로 본다.

4) 배제결정

제9조(배제결정) ① 법원은 공소제기 후부터 공판준비기일이 종결된 다음날까지 다음 각 호의 어느 하나에 해당하는 경우 국민참여재판을 하지 아니하기로 하는 결정을 할 수 있다. 〈개정 2012.1.17.〉

1. 배심원·예비배심원·배심원후보자 또는 그 친족의 생명·신체·재산에 대한 침해 또는 침해의 우려가 있어서 출석의 어려움이 있거나 이 법에 따른 직무를 공정하게 수행하지 못할 염려가 있다고 인정되는 경우

2. 공범 관계에 있는 피고인들 중 일부가 국민참여재판을 원하지 아니하여 국민참여재판의 진행에 어려움이 있다고 인정되는 경우

3. 「성폭력범죄의 처벌 등에 관한 특례법」 제2조의 범죄로 인한 피해자(이하 "성폭력범죄 피해자"라 한다) 또는 법정대리인이 국민참여재판을 원하지 아니하는 경우

4. 그 밖에 국민참여재판으로 진행하는 것이 적절하지 아니하다고 인정되는 경우

② 법원은 제1항의 결정을 하기 전에 검사·피고인 또는 변호인의 의견을 들어야 한다.

③ 제1항의 결정에 대하여는 즉시항고를 할 수 있다.

5. 배심원

가. 배심원의 개념

- 참여재판법에 따라서 형사재판에 참여하도록 선정된 사람

나. 배심원의 권한과 의무

① 사실인정, 법령의 적용 및 형의 양정에 관한 의견을 제시할 권한이 있다(제12조 1항).

② 다만 배심원의 평결과 의견은 법원을 기속하지 못한다(제46조 5항).: 영미배심과 차이점

③ 배심원은 법령을 준수하고 독립하여 성실하게 직무를 수행해야 한다(동법 제12조 2항).

④ 직무상 알게 된 비밀을 누설하거나 재판의 공정성을 해하는 행위를 하여서는 아니될 의무가 있다(동조 제3항).

⑤ 법정형이 사형·무기징역이나 금고는 9인의 배심원, 그 외는 7인의 배심원 참여한다.

⑥ 피고인 또는 변호인이 공판준비절차에서 공소사실의 주요 내용을 인정한 때에는 5인의 배심원이 참여하게 할 수 있다(동법 제13조 1항). 결원 등에 대비하여 5인 이내의 예비배심원을 둘 수 있다(제14조 1항).

다. 배심원의 선임

1) 배심원의 자격

① 만20세 이상인 대한민국 국민 중에서 무작위로 선정(제16조)

② 법원이 정한 결격사유에 해당하는 자. 대통령, 국회의원, 법관, 검사, 변호사, 법무사 등 직업에 의한 제외사유, 불공평한 재판을 할 우려가 있는 제척사유에 해당하는 자는 배심원으로 선정될 수 없다(동법 제19조).

③ 만 70세 이상인 자, 법령에 의하여 체포 또는 구금되어 있는 사람, 중병, 상해 또는 장애로 인하여 법원에 출석하기 곤란한 자

등 기타 부득이한 사유로 직무수행이 어려운 자는 배심원직무를 면제할 수 있다(제20조).

제17조(**결격사유**) 다음 각 호의 어느 하나에 해당하는 사람은 배심원으로 선정될 수 없다. 〈개정 2016.1.19.〉

1. 피성년후견인 또는 피한정후견인

2. 파산선고를 받고 복권되지 아니한 사람

3. 금고 이상의 실형을 선고받고 그 집행이 종료(종료된 것으로 보는 경우를 포함한다)되거나 집행이 면제된 후 5년을 경과하지 아니한 사람

4. 금고 이상의 형의 집행유예를 선고받고 그 기간이 완료된 날부터 2년을 경과하지 아니한 사람

5. 금고 이상의 형의 선고유예를 받고 그 선고유예기간 중에 있는 사람

6. 법원의 판결에 의하여 자격이 상실 또는 정지된 사람

제18조(직업 등에 따른 제외사유) 다음 각 호의 어느 하나에 해당하는 사람을 배심원으로 선정하여서는 아니 된다. <개정 2016.5.29.>

    1. 대통령

    2. 국회의원·지방자치단체의 장 및 지방의회의원

    3. 입법부·사법부·행정부·헌법재판소·중앙선거관리위원회·감사원의 정무직 공무원

    4. 법관·검사

    5. 변호사·법무사

    6. 법원·검찰 공무원

    7. 경찰·교정·보호관찰 공무원

    8. 군인·군무원·소방공무원 또는 「예비군법」에 따라 동원되거나 교육훈련의무를 이행 중인 예비군

제19조(제척사유) 다음 각 호의 어느 하나에 해당하는 사람은 당해 사건의 배심원으로 선정될 수 없다.

    1. 피해자

    2. 피고인 또는 피해자의 친족이나 이러한 관계에 있었던 사람

3. 피고인 또는 피해자의 법정대리인

4. 사건에 관한 증인·감정인·피해자의 대리인

5. 사건에 관한 피고인의 대리인·변호인·보조인

6. 사건에 관한 검사 또는 사법경찰관의 직무를 행한 사람

7. 사건에 관하여 전심 재판 또는 그 기초가 되는 조사·심리에 관여한 사람

제20조(면제사유) 법원은 직권 또는 신청에 따라 다음 각 호의 어느 하나에 해당하는 사람에 대하여 배심원 직무의 수행을 면제할 수 있다.

1. 만 70세 이상인 사람

2. 과거 5년 이내에 배심원후보자로서 선정기일에 출석한 사람

3. 금고 이상의 형에 해당하는 죄로 기소되어 사건이 종결되지 아니한 사람

4. 법령에 따라 체포 또는 구금되어 있는 사람

5. 배심원 직무의 수행이 자신이나 제3자에게 위해를 초래하거나 직업상 회복할 수 없는 손해를 입게 될 우려가 있는 사람

6. 중병·상해 또는 장애로 인하여 법원에 출석하기 곤란한 사람

7. 그 밖의 부득이한 사유로 배심원 직무를 수행하기 어려운 사람

2) 배심원의 선정절차

① 지방법원장이 관할구역에 거주하는 국민을 활용하여 배심원후보예정명부를 작성하고(제22조)

② 배심원과 후보자를 무작위로 추출하여 선정기일을 통지해야 한다(제23조 1항).

③ 법원은 선정기일의 2일 전까지 검사, 피고인 또는 변호인에게 선정기일을 통지해야 하며(제27조 1항)

④ 검사와 변호인은 선정기일에 출석해야하고, 피고인은 법원의 허가를 얻어 출석 할 수 있다(동조2항).

⑤ 법원은 배심원후보자에게 결격사유 등을 판단하기 위하여 질문할 수 있고, 검사, 피고인 또는 변호인은 법원으로 하여금 필요한 질물을 하도록 요청할 수 있다(제28조).

⑥ 직권이나 당사자의 기피신청으로 불선정결정을 할 수 있다(동조 3항).

⑦ 검사와 변호인은 배심원 9인이면 5인, 7인이면 4인, 5인이면 3인의 범위 내에서 무이유부기피신청을 할 수 있다.

3) 배심원의 해임과 사임

① 배심원이나 예비배심원이 의무를 위반하거나 직무에 적당하지 않거나, 불공평하다고 판단될 우려 등의 사유가 있으면 직권 또는 당사자의 신청에 의하여 해임할 수 있고(32조), 직무계속하기 어려운 사정이 있으면 사임할 수 있다(동법 제33조).

라. 배심원의 보호와 벌칙

1) 배심원보호를 위한 조치

① 누구든지 배심원인 사실을 이유로 해고나 불이익한 처우를 하여서는 안된다(제50조).

② 배심원에게 부당한 영향을 미치거나 직무상 비밀을 알아낼 목적으로 배심원과 접촉하여서는 안되고(제51조), 배심원 등의 개인정보의 공개가 금지되며(제52조), 신변보호조치를 취할 수 있다(제53조).

2) 벌칙

① 배심원 등에 대한 청탁죄(제56조)

② 배심원 위협죄(제57조)

③ 배심원에 대한 금품수수와 비밀누설죄

④ 배심후보자가 정당한 사유없이 출석하지 않거나, 선서를 거부한 경우, 질문서에 거짓기재및 거짓진술, 200이하의 과태료(즉시항고할 수 있다.)

6. 국민참여 공판절차

가. 공판준비절차

> **제36조(공판준비절차)** ① 재판장은 제8조에 따라 피고인이 국민참여재판을 원하는 의사를 표시한 경우에 사건을 공판준비절차에 부쳐야 한다. 다만, 공판준비절차에 부치기 전에 제9조 제1항의 배제결정이 있는 때에는 그러하지 아니하다.
>
> ② 공판준비절차에 부친 이후 피고인이 국민참여재판을 원하지 아니하는 의사를 표시하거나 제9조 제1항의 배제결정이 있는 때에는 공판준비절차를 종결할 수 있다.
>
> ③ 지방법원 본원 합의부가 지방법원 지원 합의부로부터 제10조 제1항에 따라 이송받은 사건에 대하여는 이미 공판준비절차를 거친 경우에도 필요한 때에는 공판준비절차에 부칠 수 있다.
>
> ④ 검사·피고인 또는 변호인은 증거를 미리 수집·정리하는 등 공판준비절차가 원활하게 진행되도록 협력하여야 한다.

- 국민참여재판의 필수 절차
- 배심원의 출석부담을 줄임
- 쟁점의 정리
- 공정한 재판을 위한 증거능력 없는 증거가 재판에 노출되는 일이 없게
- 법원은 주장과 증거를 정리하고 심리계획의 수립을 위해 공판준비기일 지정하여야 한다.
- 공판준비절차에 회부된 이후에 피고인이 국민참여재판을 원하지 아니하는 의사표시를 한 경우 법원이 배제결정이 있는 때에는 공판준비절차를 종결할 수 있다.

나. 공판준비기일의 지정

> **제37조(공판준비기일)** ① 법원은 주장과 증거를 정리하고 심리계획을 수립하기 위하여 공판준비기일을 지정하여야 한다.
>
> ② 법원은 합의부원으로 하여금 공판준비기일을 진행하게 할 수 있다. 이 경우 소명법관은 공판준비기일에 관하여 법원 또는 재판장과 동일한 권한이 있다.
>
> ③ 공판준비기일은 공개한다. 다만, 법원은 공개함으로써 절차의 진행이 방해될 우려가 있는 때에는 공판준비기일을 공개하지 아니할 수 있다.
>
> ④ 공판준비기일에는 배심원이 참여하지 아니한다.

다. 공판절차

1) 공판정의 구성

2) 배심원의 선서 및 재판장의 필요사항 설명

3) 배심원의 절차상 권리와 의무

　가) 신문요청권(41조)

　나) 배심원의 필기등/ 참여재판규칙(제34조.)

　다) 배심원의 절차상 의무

제41조(배심원의 절차상 권리와 의무) ① 배심원과 예비배심원은 다음 각 호의 행위를 할 수 있다.

1. 피고인·증인에 대하여 필요한 사항을 신문하여 줄 것을 재판장에게 요청하는 행위

2. 필요하다고 인정되는 경우 재판장의 허가를 받아 각자 필기를 하여 이를 평의에 사용하는 행위

② 배심원과 예비배심원은 다음 각 호의 행위를 하여서는 아니 된다.

1. 심리 도중에 법정을 떠나거나 평의·평결 또는 토의가 완결되기 전에 재판장의 허락 없이 평의·평결 또는 토의 장소를 떠나는 행위

2. 평의가 시작되기 전에 당해 사건에 관한 자신의 견해를 밝히거나 의논하는 행위

3. 재판절차 외에서 당해 사건에 관한 정보를 수집하거나 조사하는 행위

4. 이 법에서 정한 평의·평결 또는 토의에 관한 비밀을 누설하는 행위

---

4) 공판절차상의 특칙

　－ 간이공판절차규정이 배제된다(43조).

　－ 배심원의 증거능력 판단 배제

　－ 공판절차의 갱신(제45조)

라. 배심원의 평의·평결·토의

제46조(재판장의 설명·평의·평결·토의 등) ① 재판장은 변론이 종결된 후 법정에서 배심원에게 공소사실의 요지와 적용법조, 피고인과 변호인 주장의 요지, 증거능력, 그 밖에 유의할 사항에 관하여 설명하여야 한다. 이 경우 필요한 때에는 증거의 요지에 관하여 설명할 수 있다.

---

② 심리에 관여한 배심원은 제1항의 설명을 들은 후 유·무죄에 관하여 평의하고, 전원의 의견이 일치하면 그에 따라 평결한다. 다만, 배심원 과반수의 요청이 있으면 심리에 관여한 판사의 의견을 들을 수 있다.

③ 배심원은 유·무죄에 관하여 전원의 의견이 일치하지 아니하는 때에는 평결을 하기 전에 심리에 관여한 판사의 의견을 들어야 한다. 이 경우 유·무죄의 평결은 다수결의 방법으로 한다. 심리에 관여한 판사는 평의에 참석하여 의견을 진술한 경우에도 평결에는 참여할 수 없다.

④ 제2항 및 제3항의 평결이 유죄인 경우 배심원은 심리에 관여한 판사와 함께 양형에 관하여 토의하고 그에 관한 의견을 개진한다. 재판장은 양형에 관한 토의 전에 처벌의 범위와 양형의 조건 등을 설명하여야 한다.

⑤ 제2항부터 제4항까지의 평결과 의견은 법원을 기속하지 아니한다.

⑥ 제2항 및 제3항의 평결결과와 제4항의 의견을 집계한 서면은 소송기록에 편철한다.

제47조(평의 등의 비밀) 배심원은 평의·평결 및 토의 과정에서 알게 된 판사 및 배심원 각자의 의견과 그 분포 등을 누설하여서는 아니 된다.

- 평결의 권고적 효력 내지 참고적 효력만

마. 판결의 선고

제48조(판결선고기일) ① 판결의 선고는 변론을 종결한 기일에 하여야 한다. 다만, 특별한 사정이 있는 때에는 따로 선고기일을 지정할 수 있다.

② 변론을 종결한 기일에 판결을 선고하는 경우에는 판결서를 선고 후에 작성할 수 있다.

③ 제1항 단서의 선고기일은 변론종결 후 14일 이내로 정하여야 한다.

④ 재판장은 판결선고 시 피고인에게 배심원의 평결결과를 고지하여야 하며, 배심원의 평결결과와 다른 판결을 선고하는 때에는 피고인에게 그 이유를 설명하여야 한다.

바. 상소

- 항소와 상고에 관한 규정이 없음.
- 통상의 형사절차에 따라 진행
- 문제의 소지가 있다는 지적이 있음.

제8장 검사

제1절 검사

1. 의의

검사라 함은 검찰권을 행사하는 국가기관이다.

- 검사는 형사소송법상 당사자의 지위
- 검찰청법 제4조 제2항에서 "검사는 그 직무를 수행할 때 국민 전체에 대한 봉사자로서 정치적 중립을 지켜야 하며 주어진 권한을 남용하여서는 아니 된다."고 규정하여 공익의 대표자임을 분명히 하고 있다.

2. 검찰제도의 역사

- 14세기 프랑스에서 왕실의 국고수입원인 벌금, 몰수를 확보하기 위하여 소송에서 왕의 대관으로 참여한데서 비롯
- 프랑스혁명으로 규문절차를 타파하고 개혁된 형사소송법의 산물
- 영국은 기소배심제도가 도입된 적이 있는데 이는 인민재판의 형태로 변질
- 1808년 치죄법(治罪法)에서 기소배심제를 폐지하고 검찰제도를 공화국의 대관으로 부활: 검사는 소추기관, 예심판사에 대한 지휘, 감독권과 법령해석의 통일에 대한 감시기능을 가짐
- 영국은 사인소추주의를 원칙으로 하여 실제로는 대부분 경찰소주주의를 취함[76]
- 20세기에 이르러 영국의 경찰소추제도는 소추의 공정성과 인권침해의 문제를 야기하여 국가검찰제도의 도입을 촉진: 1955년 범죄소추법이 제정되어 검찰총장이 임명하는 검사가 공소제기유지기능을 담당함.
- 미국의 경우에는 검찰제도를 일찍 프랑스제도를 도입하여 실시

---

76) 경찰서에 공소변호사를 두어 공소제기와 유지에 관하여 경찰에 자문을 제공하도록 함.

- 임명에 의한 연방검사와 선거에 의한 지방검사를 둠
- 중요사건의 경우 연방대배심이 담당하여 기소하고, 경미사건은 연방검사가 담당.

3. 검사의 법적성격

1) 준사법기관
- 법무부소속행정공무원이면서 형사절차전반을 관여하는 사법권과 밀접한 검찰권행사를 담당하는 행정기관인 동시에 사법기관으로서의 성격을 갖는 준사법적기관

2) 단독제관청
- 검사는 검찰사무를 개개의 이름으로 처리하는 단독제 관청이다.
- 따라서 검찰조직의 내부결제를 얻지 않고 행한 검사의 대외적 소송행위는 대외적 효력에는 영향이 없다.

3) 검사의 자격과 신분보장
- 법관과 동일
- 검사는 탄핵이나 금고 이상의 형을 선고받은 경우를 제외하고는 파면되지 아니하며, 징계처분이나 적격심사에 의하지 아니하고는 해임·면직·정직·감봉·견책 또는 퇴직의 처분을 받지 아니한다(검찰청법 제37조).

4. 검찰청의 조직
- 대검찰청, 고등검찰청, 지방검찰청, 지방검찰청지청(검찰청법 제3조2항)[77]

---

77) 검찰청법 제2조 (검찰청) ① 검찰청은 검사(檢事)의 사무를 총괄한다.
② 검찰청은 대검찰청, 고등검찰청 및 지방검찰청으로 한다.[전문개정 2009.11.2]
제3조 (검찰청의 설치와 관할구역) ① 대검찰청은 대법원에, 고등검찰청은 고등법원에, 지방검찰청은 지방법원과 가정법원에 대응하여 각각 설치한다.
② 지방법원 지원(支院) 설치지역에는 이에 대응하여 지방검찰청 지청(支廳)(이하 "지청"이라 한다)을 둘 수 있다.
③ 대검찰청의 위치와 대검찰청 외의 검찰청(이하 "각급 검찰청"이라 한다) 및 지청의 명칭과 위치는 대통령령으로 정한다.

제2절 **검사동일체의 원칙**

1. 의의

- 검찰총장을 정점으로 계층적 조직체를 형성하여 일체분가분의 유기적 통일체로 활동하는 것을 말한다.
- 검사동일체원칙이 요구되는 이유
  ① 범죄수사와 공소제기, 유지 및 재판집행을 주요 내용으로 하는 검찰권행사를 전국적으로 균형을 이루게 하여 검찰권행사의 통일성과 공정성 확보
  ② 현대사회가 날로 지능화, 광역화, 기동화되는 범죄에 대한 효율적인 수사를 위해 통일된 수사망의 필요성

2. 내용

1) 검찰사무의 지휘감독관계

- 검사는 검찰사무에 관하여 소속 상급자의 지휘·감독에 따른다(검찰청법 제7조 1항).
- 검찰무와 검찰행정사무에 대하여도 적용된다.
- 상급자의 지휘감독권은 적법성, 정당성을 전제한다.
- 범죄혐의가 있음에도 상사가 부당한 수사중지명령[78]을 하거나 상사의 부당한 불기소명령(기소유예여부에 대한 상급자의 지휘가 부당한 경우)의 경우에 견해가 대립한다.

> **1설:** 기소편의주의의 재량은 합리성 또는 남용에 대한 사법심사와 규제의 제도적 장치가 없다는 점을 들어 검사동일체의 원칙상 복종해야 한다는 견해
>
> **2설:** 검찰청법 제7조 2항에서 지휘감독의 적법성 뿐만 아니라 정당성에 대하여도 이

---

④ 각급 검찰청과 지청의 관할구역은 각급 법원과 지방법원 지원의 관할구역에 따른다.
  [전문개정 2009.11.2].

78) 검사의 수사의무(195조)에 따라 특정사건을 수사대상에서 의식적으로 누락시키는 것은 직무유기죄가 성립한다고 보아야 한다. 우리 법원은 '사법경찰관리가 범죄혐의를 포착하고도 수사를 개시하지 않은 경우 직무유기죄의 성립을 인정한 판례가 있다(84도705).

의를 제기할 수 있다고 규정하여 정당성여부에 대하여 이의를 제기할 수 있다.

‑ 상급자의 지휘감독권은 내부적 효력을 가지는데 지나지 않기 때문에 상급자에 의사에 반한 처분은 내부적으로 징계대상여부는 별론하고 대외적 효력에는 아무런 영향이 없다.

2) 검사직무의 위임·이전 및 승계(검찰청법 제7조의 2)

‑ 직무의 이전권이란 검찰총장, 각급 검찰청의 검사장(檢事長) 및 지청장은 소속 검사로 하여금 그 권한에 속하는 직무의 일부를 처리하게 할 수 있는 권한을 말한다.

‑ 직무승계권이란 검찰총장, 각급 검찰청의 검사장 및 지청장은 소속 검사의 직무를 자신이 처리하는 것을 말한다. 최종적으로 검찰총장에게 귀속

‑ 직무의 위임이란 검찰총장, 각급 검찰청의 검사장 및 지청장은 소속 검사의 직무를 다른 검사로 하여금 처리하게 할 수 있다.

3) 직무대리권

‑ 각급 검찰청의 차장검사는 소송장이 사고가 있을 때 특별한 수권이 없이 직무를 대리할 권한을 가지고 있다(검찰청법 제13조 2항/제18조2항/23조2항).

‑ 직무대리가 허용되는 범위는 검찰사무와 검찰행정사무도 포함된다.

---

* 구별되어야 할 개념: 검사의 직무대리는 검사동일체 원칙과 관계없다.

검찰청법 제32조 (검사의 직무대리) ① 검찰총장은 사법연수원장이 요청하면 사법연수생으로 하여금 일정 기간 지방검찰청 또는 지청 검사의 직무를 대리할 것을 명할 수 있다.

② 검찰총장은 필요하다고 인정하면 검찰수사서기관, 검찰사무관, 수사사무관 또는 마약수사사무관으로 하여금 지방검찰청 또는 지청 검사의 직무를 대리하게 할 수 있다.

③ 제1항이나 제2항에 따라 검사의 직무를 대리하는 사람은 「법원조직법」에 따른 합의부의 심판사건은 처리하지 못한다.

④ 제2항에 따른 검사 직무대리의 직무 범위와 그 밖에 검사 직무대리의 운영 등에 필요한 사항은 대통령령으로 정한다.[전문개정 2009.11.2]

3. 효과

1) 검사교체의 효과

검사동일체원칙의 결과 범죄수사나 공판관여 등 일체의 검찰사무의 취급 도중에 검사가 교체되어도 소송법상의 효과에는 영향을 미치지 아니하며, 따라서 검사의 교체로 수사, 공판절차의 갱신은 불필요하다.
− 공판절차가 진행되던 도중에 판사가 경질되면 공판절차를 갱신 (형소법 301조)할 것을 요하는 법관의 경우와 구별된다.[79]

2) 검사에 대한 제척·기피

① 소극설(부정설): 검사는 소송의 당사자이며, 검사동일체의 원칙 때문에 검사의 교체가능성과 갱신의 불필요성 때문이다.[80]

② 적극설(긍정설): 공익의 대표자로 객관의무를 지고 현실적인 피고인 이익을 보호하고 신뢰받는 검찰권의 확립을 위하여 불공정한 업무처리의 염려가 있는 검사는 직무집행으로부터 배제할 필요 있다는 견해[81]

③ 입법론적해결설: 현행법상 명문의 규정이 없기 때문에 소극설을 취할 수 밖에 없고 다만, 검찰권행사의 공정성확보와 피고인의 이익보호를 위하여 입법을 통한 문제해결을 주장하는 견해[82]

4. 법무부장관의 지휘감독권

− 검찰사무에 관하여 구체적 지휘감독권은 검찰총장에게 있고, 일반적 지휘감독권이 있다.

− 이는 검찰권행사의 정치적 중립성 내지 공정성을 확보하기 위한 것이다.

− 구체적 사건에 대한 검찰총장을 지휘할 수 있도록 하고 있다(검8조)[83]이

---

79) 제301조 (공판절차의 갱신) 공판개정후 판사의 경질이 있는 때에는 공판절차를 갱신하여야 한다. 단, 판결의 선고만을 하는 경우에는 예외로 한다.
80) 손동권, 이재상, 신양균, 신현주, 이영란, 임동규, 정영석, 이형국
81) 배종대, 이상돈, 정승환, 송광섭, 신동운, 차용석, 최용성
82) 이인모, 형소법, 66면.
83) 제8조 (법무부장관의 지휘·감독) 법무부장관은 검찰사무의 최고 감독자로서 일반적으로 검사를 지휘·감독하고, **구체적 사건에 대하여는 검찰총장만을 지휘·감독한다.** [전문개정

는 검찰총장이 신분보장이 되어 행정부의 부당한 간섭을 방지할 수 있다는 입장이지만 사실상 간접적인 지휘, 감독권을 인정하는 것도 실질적으로 검찰권행사의 공정성 및 정치적 중립성을 훼손할 우려가 있어 개정이 요구된다.[84]

5. 공소권의 주체

1) 공소제기의 독점적지위

- 246조에서 공소는 검사가 제기하여 수행한다고 하여 검사에게 기소독점주의
- 247조에 기소편의주의를 검사의 재량
- 1심판결선고 전까지 공소를 취소할 수 있는 기소변경주의(255조)를 채택하여 검사의 재량권을 넓게 인정

2) 소송수행의 담당자/ 공소유지권

- 피고인과 대립당사자 형사절차형성하고 법령의 정당한 적용을 청구[85]
- 소송의 당사자로 공판정출석권, 증거조사참여권, 증인신문권, 증거조사에 대한 의견진술권 및 이의신청권
- 실체적진실발견이라는 형사소송법의 이념과 친숙하지 못하고 피고인의 정당한 이익까지 보호해야 하는 공익의 대표자인 검사는 당사자로 지칭하는 것은 적절하지 않고 검사를 당사자로 보면 공판절차의 검찰사법화의 우려 등을 이유로 당사자의 지위를 부정하는 견해가 있음[86]

2009.11.2].
84) 이재상, 이은모, 형소. 67면; 신양균, 형소, 407면.
85) 당사자주의를 기본구조로 하는 형소법의 해석에서 공판절차에서 당사자의 지위를 부정하는 것은 적절하지 못함.
86) 신동운, 633면

6. 재판의 집행기관

460조에서 검사가 지휘한다.

- 재판의 집행이란 유죄판결의 집행뿐만 아니라 영장 등과 같은 강제처분의 집행도 포함한다. 신속성과 기동성을 위해시 검사에게 인정
- 단 영장의 집행은 예외적으로 재판장, 수명법관, 수탁판사가 집행할 수 있는 경우도 있다(81조 115조).
- 영미의 경우 법원주의/법원이 영장의 집행을 지휘함.
- 검사는 사형 또는 자유형 집행을 위한 형집행장 발부하여 구인할 수 있다(473조)
- 형집행장은 구속영장과 동일한 효력이 인정된다.

7. 공익의 대표자(객관의무)

- 검사는 공익의 대표자로 피고인의 정당한 이익을 보호하기 위한 지위 인정
- 공판절차, 수사절차나 상소절차 등 형사절차 전반에서 요구됨
- 수사절차의 의무화, 적정절차원리 객관의무와 밀접한 연관이 있다.
- 피고인의 이익을 위하여 상소, 재심청구(424조)
- 검찰총장은 법령해석의 통일과 피고인의 구제를 위하여 비상상고제도 (441조)
- 우리법원의 입장에서도 긍정[87] 2001다23447사건(국가배상청구사건)
- 부정설은 당사자주의적 소송구조하에서는 객관의무를 인정할 여지가 없다는 견해

---

87) 검찰청법 제4조 제1항은 검사는 공익의 대표자로서 범죄수사·공소제기와 그 유지에 관한 사항 및 법원에 대한 법령의 정당한 적용의 청구 등의 직무와 권한을 가진다고 규정하고, 같은 조 제2항은 검사는 그 직무를 수행함에 있어 그 부여된 권한을 남용하여서는 아니된다고 규정하고 있을 뿐 아니라, 형사소송법 제424조는 검사는 피고인을 위하여 재심을 청구할 수 있다고 규정하고 있고, 검사는 피고인의 이익을 위하여 항소할 수 있다고 해석되므로 검사는 공익의 대표자로서 실체적 진실에 입각한 국가 형벌권의 실현을 위하여 공소제기와 유지를 할 의무뿐만 아니라 그 과정에서 피고인의 정당한 이익을 옹호하여야 할 의무를 진다고 할 것이고, 따라서 검사가 수사 및 공판과정에서 피고인에게 유리한 증거를 발견하게 되었다면 피고인의 이익을 위하여 이를 법원에 제출하여야 한다(대법원 2002. 2. 22. 선고 2001다23447).

찾아보기

저자 프로필

권 순 현

- 법학박사
- 고려대학교 법학과 및 동대학원
- (현) 신라대학교 공무원법학과 교수
  한국법학회 부회장
  유럽헌법학회 이사
- (전) 한국헌법학회 부회장

주요저서

- With(위드) 헌법(박영사, 2017. 8)
- 헌법강의(삼조사)
- 객관식헌법(삼조사)
- 헌법판례선(삼조사, 공저)
- 헌법 조문판례집(삼조사)
- 법학개론(박영사)
- 행정법총론 2.0(피앤씨미디어)
- 행정법각론 2.0(피앤씨미디어)
- 행정법총론 문제집(피앤씨미디어)

이 주 일

학력 및 주요활동

- 한국외국어대학교(법학사) / 한국외대 대학원(법학 석사) / 한국외대 대학원(법학박사)
- 한국형사법학회 회원
- 한국비교법학회 회원
- 한국비교형사법학회 회원

연구분야

- 형법, 형사소송법, 형사정책, 경찰법.

논문 및 저서

- 환경형법상 법익의 행정보조성(외법논집 제24호, 2006, 11)
- 일죄일부에 대한 공소제기의 재검토(외법논집 제22집, 2006, 5)
- 공소제기후 참고인조사(비교법학연구 제6집, 2005, 9)
- 형법상 보충성원칙에 대한 소고(비교법학연구, 2005, 3)

- 공소권남용이론(비교법학연구, 한국비교법학회, 2004. 9)
- 친고죄와 고소(비교법학연구, 한국비교법학회, 2004. 2)
- 체포구속적부심제도의 합리적 해석(외법논집, 한국외대법학연구소, 2003. 12)
- 구속영장실질심사제도의 문제점에 대한 검토(비교법학연구, 한국비교법학회, 2003. 9)
- 형사특별법상의 법령용어와 문장구조의 문제점과 개선방안(Ⅱ), 한국법제연구원, 2006, 9.
- 형사특별법령의 법령용어 및 문장구조의 문제점과 개선방향, 한국법제연구원, 2005, 11.
- 행형관련법상의 법령용어 및 문장의 문제점과 개선방향에 관한 연구, 한국법제연구원, 2004, 11.
- 인권용어해설집, 한국법제연구원, 2004, 9.

경찰공무원법 입문

초판발행	2020년 8월 30일
중판발행	2021년 9월 10일
지은이	권순현·이주일
펴낸이	안종만·안상준
기획/마케팅	박세기
표지디자인	조아라
제 작	고철민·조영환
펴낸곳	(주) **박영사**
	서울특별시 금천구 가산디지털2로 53, 210호(가산동, 한라시그마밸리)
	등록 1959. 3. 11. 제300-1959-1호(倫)
전 화	02)733-6771
f a x	02)736-4818
e-mail	pys@pybook.co.kr
homepage	www.pybook.co.kr
ISBN	979-11-303-3694-7 93360

copyright©권순현·이주일, 2020, Printed in Korea

정 가   15,000원